W0272306

Sans autorité, quelle liberté ?

Du même auteur

Tout ce qu'il ne faut pas dire, Plon, 2016.

Bertrand Soubelet

Sans autorité, quelle liberté ?

Éditions de L'Observatoire

ISBN : 979-10-329-0021-5
Dépôt légal : 2017, avril
© Éditions de l'Observatoire/Humensis 2017
170 *bis*, boulevard du Montparnasse 75014 Paris

« La démocratie, plus qu'aucun autre régime, exige l'exercice de l'autorité. »

Saint-John Perse, *Discours sur Briand*,
New York, 1942

Prologue

Tout est question d'autorité

Gendarme : ce fut ma vie pendant plus de trente ans. J'en ai tiré un enseignement majeur : l'autorité est le pivot de toute action publique. Pas l'autorité brutale, écrasante, arbitraire. L'autorité partagée, acceptée, juste. Que ce soit dans l'armée, la conduite des affaires du pays, la justice, l'enseignement, l'Administration, les collectivités territoriales ou les choix de politique intérieure, l'autorité est le pilier central. Ou devrait l'être.

En 2004, au retour d'une mission en Haïti, je me suis posé la question de savoir ce qu'il serait utile de transmettre au regard de mon expérience à la tête de centaines puis de milliers d'hommes et de femmes. Lorsqu'on évolue dans un système hiérarchisé, les problèmes d'autorité, d'obéissance et d'adhésion aux ordres sont essentiels, et chacun s'accommode du chef que le hasard ou la bonne fortune lui ont donné. L'existence d'une hiérarchie n'est pas l'apanage du milieu militaire et parfois, en particulier pour des raisons de manque de transparence, elle est moins supportable dans l'entreprise ou les administrations.

Nous ne sommes pas tous égaux et, outre les aptitudes naturelles, le parcours de chacun, l'éducation, les rencontres de la vie, la formation conditionnent la conception individuelle de l'autorité. Elle revêt un caractère double : ce n'est pas seulement la manière dont l'autorité est exercée qui compte, mais la façon dont elle est perçue et vécue par ceux qui exécutent. Tout dirigeant, tout responsable quel qu'il soit, doit à partir de la connaissance indispensable de lui-même avoir réfléchi aux mécanismes, aux effets et aux conséquences de ses attitudes, des mots, des non-dits parfois mais également de ses méthodes.

En France, le déficit en ce domaine est considérable. J'en ai été et en suis encore le témoin depuis des années.

La particularité du métier d'officier de gendarmerie est de mettre les responsables territoriaux en prise directe avec les élus, les chefs d'entreprise et autres têtes d'administrations diverses.

C'est donc un observatoire privilégié. J'ai la conviction que les difficultés croissantes de notre pays dans la conduite des affaires publiques et les difficultés de certaines entreprises proviennent en partie de la question du comportement des managers et des méthodes employées. Un chef, un manager, un responsable, notamment public, doit toujours être animé du courage nécessaire pour prendre des décisions et les assumer tout en assurant la plus grande cohérence possible dans la conduite des affaires qui lui ont été confiées. La confiance réciproque au sein d'une équipe est le levier qui permet d'atteindre à la fois la performance et l'harmonie. Il n'existe aucune recette absolue pour bien manager, mais la bonne posture repose à l'évidence sur trois piliers : la lucidité, le bon sens et la sincérité.

Cette réflexion me paraît être le propre de celles et ceux qui aspirent à exercer des responsabilités. Elle les conduira immanquablement à manager, à commander, à diriger des hommes et des femmes en fondant leur démarche de chef, j'en suis intimement convaincu, sur cette pensée d'Antoine de Saint-Exupéry : « La grandeur d'un métier est avant tout d'unir les hommes ; il n'est qu'un luxe véritable et c'est celui des relations humaines. » C'est à travers elles, et à travers ma propre expérience, que j'espère voir le réveil de la France – et y contribuer.

1

Changement de cap

Je ne m'y attendais pas. Parce que toute vérité est bonne à dire mais pas forcément à entendre, ma vie a basculé : j'ai pris la plume, j'ai mis le doigt sur les manquements et les errements de la politique, j'ai jeté une lumière crue sur les failles de notre pays – à la fois par amour de la France et par souci de sincérité dans ce monde d'hypocrisie. J'en ai payé le prix : exclu du corps qui était ma vie – la gendarmerie – mais récompensé par l'écho rencontré. Combien sont-ils, ces Français qui m'ont entendu ? Enfin, tabou du silence brisé, quelqu'un disait les choses – mon livre s'intitulait *Tout ce qu'il ne faut pas dire*. Mes mots ont résonné. Mes phrases ont touché. À 57 ans, général de gendarmerie, j'ai été prié de faire mes bagages. Il y a des prises de parole impardonnables. J'en appelais pourtant à une chose simple, une France debout et responsable. On a tenté de m'empêcher d'être les deux.

Debout et responsable : ce n'est pas une formule creuse, un tantinet pompeuse, éculée, devenue transparente à force d'être utilisée dans les réunions, les meetings, les plans, les promesses, les discours. Trop souvent, cette formule est juste un cache-misère, qui maquille le vide de la pensée, la pauvreté de l'action, la médiocrité des intentions. Vœu pieux ? Sûrement pas.

Pour moi, « debout et responsable » est une conviction puissante. Elle devrait être frappée sur tous les monuments de la République. Il y va de notre avenir, de notre destin. J'en suis convaincu. Et je ne suis pas le seul.

Au travers des contacts directs avec les dizaines de milliers de lecteurs de mon livre, j'ai très fortement ressenti cette attente : il faut que la vie change, que le pays prenne une direction différente. Au lieu d'abandonner le cours de notre histoire à des événements qui nous rendent passifs, nous devons agir, quel que soit l'homme politique à la tête du pays. Cette attente, ce besoin, cet espoir s'expriment dans toutes mes rencontres publiques. Chaque jour qui passe confirme la nécessité de cette évolution.

Pendant trente-cinq ans, à travers les responsabilités qui m'ont été confiées, j'ai essayé de contribuer à la progression du niveau de sécurité de notre pays. J'y ai mis toute mon énergie, déployé tous mes moyens, et j'ai ainsi mesuré les contraintes et les freins contre-productifs qui jalonnent notre action. Que de butées, d'obstacles, de décisions peu judicieuses ! Certaines pratiques politiques sont mortifères. Elles coûtent des vies, hypothèquent l'avenir, plombent l'atmosphère. Il est temps d'y mettre fin.

Mais de quelle manière ? Nous savons ce que nous ne voulons pas, nous soupesons les frustrations, nous ne supportons plus certains comportements. La France a besoin d'hommes désintéressés, ouverts sur l'avenir, avec une vision claire. Il y a trop d'épiciers qui piochent dans la réserve, de commerçants de leur propre gloire, d'élus narcissiques et de badernes autosatisfaites.

Fermer les yeux sur les difficultés de notre société, éviter les problèmes de fond, subir ce qui est présenté comme inévitable, voilà la réalité d'aujourd'hui. Et je ne vise pas un bord politique particulier : la gauche, la droite, le centre et l'arrière-cour ont souvent erré. L'exercice du pouvoir, pour certains, a été une marche dans un marécage. Pour d'autres, une promenade inutile. Le monde politique est peuplé de ces apparatchiks, de ces technocrates, de ces experts qui ont réponse à tout, sauf à l'essentiel. Lorsqu'on n'appartient pas à ce club, comme moi, il est difficile de faire entendre la voix du bon sens et du pragmatisme. J'en sais quelque chose : quand j'ai pris la parole, sans hostilité aucune, face aux élus, je ne pensais pas avoir un retour de bâton aussi violent. Mon message était frappé au coin du bon sens et du pragmatisme. Il n'a pas été entendu, sinon par mes lecteurs. Par les responsables, les gradés, les administratifs, il ne l'a pas été. Les dégâts se poursuivent. Ils sont trop importants, désormais, pour ne pas réagir. L'irréparable peut se produire. Il s'est déjà produit à Paris, à Nice, à Mantes-la-Jolie, à Saint-Étienne-du-Rouvray. C'est terrible. Mais le pire est devant nous. D'autres attentats nous frapperont, d'autres bombes éclateront, préparant la dislocation de notre société.

Triste spectacle : tandis que le tissu social se délite, la classe politique dilapide l'héritage de nos prédécesseurs. Querelles personnelles, ambitions égoïstes, goût du pouvoir, ivresse des sommets : la vie politique du pays est rythmée par les petites phrases, les boules puantes, les peaux de banane et les secrets. Fidel Castro, il y a quarante ans, remarquait que la France était le pays où il y avait le plus grand nombre de possibilités de vote : élections municipales, législatives, nationales. Et, ajoutait-il, « l'électoralisme ne règle rien ». Il parlait pour sa paroisse, évidemment, avec l'idée de supprimer toute expression populaire, et toute forme de démocratie agaçante. Cela dit, il y avait un fond de vérité dans sa remarque. Si les consultations électorales doivent être dévoyées, ou confisquées, comme c'est le cas dans notre pays, que dire de cette démocratie biaisée ?

Être debout et responsable, c'est refuser la fatalité du chaos, c'est endosser la fierté de notre patrimoine, c'est insuffler à la génération qui monte des valeurs de combat. Pas de résignation, pas de recul. Le système peut changer. Il doit changer. Il changera.

Après toutes ces années au service de mon pays, j'en appelle aux bonnes volontés. J'ai sacrifié la fin de ma carrière professionnelle. J'ai dit les choses qui devaient être dites. Il n'est jamais trop tard pour faire les bons choix, remettre de l'ordre dans la maison, redresser les règles qui existent, redonner du respect à notre démocratie. Deux chemins s'offrent : l'action individuelle et le réveil collectif. L'un ne va pas sans l'autre.

Il est capital de redonner à chacun la fierté d'être français, ce sentiment d'appartenir à une nation, ce bonheur de partager un projet et des valeurs, quelles que soient les origines, la couleur de peau, la religion. J'ambitionne une société dans laquelle chacun a sa place, sans que les loups se taillent la part du lion. Une société qui ne laisse personne sur le bord du chemin. Une société où chacun participe à la collectivité selon ses moyens.

C'est ce chemin que je vous invite à parcourir. Toutes ces analyses, ces réflexions, que je n'ai pas pu développer dans *Tout ce qu'il ne faut pas dire*, je les livre ici. Il est l'heure de regarder les choses en face, de dire aux politiques qu'ils sont passés à côté de décisions courageuses, et que nous avons besoin d'une autre façon de gouverner.

La liberté de parole dont j'ai toujours usé depuis près de quarante ans trouve aujourd'hui une nouvelle dimension, et me conduit à continuer de me mettre au service de mon pays. La route a été longue…

2

Racines et convictions

La douceur du Pays basque a bercé mon enfance. Les Pyrénées, qui chantent au vent d'Espagne, surmontaient l'horizon, et la mer, au loin, battait le rivage. Je suis un enfant de ces deux éléments opposés, un gosse de ces vallées blotties dans les creux des siècles, et la liberté a toujours fait partie de mon bagage. Dans mon cartable d'écolier, il y avait du pain, des cahiers, parfois du fromage et, toujours, un morceau d'horizon. C'est la marque du Basque : tête dure et cœur tendre, rebelle et rêveur, parlant une langue dont personne ne connaît l'origine et qui crée des liens au bout du monde. Mon père, chef d'entreprise, était accaparé par ses responsabilités. Ma mère était attentive à l'éducation de ses quatre garçons, ce qui n'est pas une mince besogne.

Je suis le deuxième, dans l'ordre de la fratrie Soubelet. Est-ce pour cette raison que mon désir d'indépendance s'est manifesté très tôt ? Que le goût du risque s'est glissé entre moi et la classe du lycée ? Je rêvais d'ailleurs. Il y avait forcément quelque chose, au-delà de ces pics, de ces crêtes, de cet océan. Il fallait aller voir. C'est ainsi qu'à peine adolescent, un soir d'automne, je quitte par la fenêtre le domicile familial, en descendant la valise avec une corde. Direction : la demeure de mes grands-parents, tout surpris de voir cet évadé arriver chez eux, avec ses bagages. J'avais 14 ans et toutes mes illusions. Il y en a certaines qui n'ont pas été perdues, Dieu merci.

Quand ai-je décidé d'être gendarme ? Difficile de le dire. Mais je me souviens de ce désir, exprimé publiquement lors d'une réunion d'information et d'orientation au collège Sainte-Marie de Saint-Jean-de-Luz. Drôle d'idée, tout de même, alors qu'il n'y avait aucune trace d'esprit militaire ou de gendarme dans mon entourage ! D'où vient cette envie d'avoir un képi, de porter secours, de privilégier l'esprit de sacrifice ?

Plus tard j'ai changé de cadre : le collège austère de Bétharram, dans les Pyrénées, fondé au XIXe siècle par un prêtre béatifié, m'a accueilli. J'y ai découvert la vertu du travail, d'une certaine solitude, mais aussi le déplaisir de la méprise. Car mon allure générale est celle d'un adolescent frêle, plus jeune que mon âge réel. On ne me prend pas toujours au sérieux avant que je m'explique. Deux années se passent ainsi, dans des études appliquées et sérieuses. Peu à peu, un but se précise : Saint-Cyr. Je sais, d'entrée de jeu, que mon pari est risqué : seules les têtes de promotion parviennent à occuper la dizaine de places ouvertes à la gendarmerie chaque année ; beaucoup d'appelés, peu d'élus.

Mais quoi ? J'aime le risque.

Je me retrouve au lycée militaire d'Aix-en-Provence. C'est loin de chez moi, certes, et l'ambiance est différente. Entre les tentations du cours Mirabeau et les exigences de l'établissement – l'uniforme, la discipline, les règles –, l'année s'annonce difficile. Malgré l'appel du soleil, les soirées avec les copains, la découverte d'une autre vie, tout se passe bien. Le cadre de la Provence n'est pas une incitation au travail… mais ma motivation est là. Je passe le concours d'entrée à l'École spéciale de Saint-Cyr Coëtquidan. Je relis l'acte fondateur, avec la loi du 1er mai 1802 : « Il sera établi dans une place forte de la République, une école spéciale militaire destinée à enseigner à une portion des élèves sortis des lycées les éléments de l'art de la guerre. » Sauf que moi, ce n'est pas l'art de la guerre qui m'intéresse, mais l'art de la paix. La gendarmerie.

En juin 1978, alors que j'ai 19 ans, je passe le concours, dont les résultats tombent au quartier Miollis, à Aix, dans une effervescence et une anxiété difficiles à décrire. Terrible déception : je ne suis pas reçu. Pas qualifié pour l'oral. C'est l'échec. Mes professeurs sont étonnés, je suis catastrophé. J'encaisse mal. L'été se passe sous de sombres nuages, pour moi. Mais un sentiment nouveau se fait jour, qui va se transformer en conviction : on ne construit solidement sa vie qu'en ayant connu le goût amer de l'échec. J'irai plus loin : la vie n'a de saveur que dans l'ombre de la mort ; les hauteurs n'existent qu'en rapport avec les fonds. Comme le disait le prince Salina, le héros du *Guépard*, de Visconti : « Cette ombre n'existe que par cette lumière. »

Je me prépare à redoubler. Mais... Il se produit un événement inédit. Les notes obtenues à l'écrit du concours sont communiquées aux recalés. Là, je calcule et recalcule mon total de points. Et, à ma grande surprise, une évidence s'impose : il y a erreur. Il manque 20 points cruciaux. Mais, pour faire reconnaître son erreur à l'Administration, bonne chance ! Les autorités freinent. La machine est lente. Le système se protège. Finalement, grâce au soutien des sous-officiers et de mon professeur de français, M. Maignant, la situation se débloque. Et la perspective de l'annulation du concours et d'un recours en Conseil d'État scelle mon avenir. Je dois passer un oral à Paris, devant le jury réuni pour la circonstance. Les choses se précipitent. Les professeurs se mobilisent autour de moi, j'ai droit à une préparation très personnalisée. On me bichonne. Les enjeux sont élevés : il s'agit de réparer une injustice. L'officier responsable du secrétariat du concours – et donc du décompte des points – m'accueille avec une remarque acide et déplacée : « Ah, c'est vous, l'empêcheur de tourner en rond ? » Exactement, mon colonel. Et là, je passe haut la main. Mais l'accusation d'être un « empêcheur » reviendra et marquera ma vie. J'en suis fier.

Quarante-huit heures plus tard, je rejoins la promotion Général-Rollet, père de la Légion étrangère. Mon arrivée à Saint-Cyr s'effectue dans une atmosphère glaciale, personne ne comprenant comment un nouveau pouvait intégrer une liste épuisée depuis des semaines. J'ai la tête d'un gamin de 15 ans, le cœur d'un lion et l'envie de me fabriquer une place au soleil. Bref, je dois faire mes preuves. Le destin m'a jeté dans une épreuve, je dois relever le défi. Quolibets et soupçons m'accompagnent alors : ils me révoltent d'abord, puis je m'y fais. Peu importe la rumeur de la foule. Ce qui compte, c'est ce qui a été accompli. Morale de l'histoire : rien n'est jamais acquis.

J'aurai l'occasion de vérifier la vérité de cet axiome. Un fond d'obstination basque et une couche d'éducation saint-cyrienne se superposeront. Désormais, ma vie et mes choix seront guidés par ces deux traits dominants.

Les gendarmes ont une curieuse réputation : moqués pour leur candeur dans les vaudevilles, loués pour leur courage dans les situations dramatiques, ils sont au cœur de la vie civique. Ils ne sont ni pires ni meilleurs que les autres, mais on leur attribue souvent une rigidité qu'ils n'ont pas. Partie intégrante de la communauté militaire, ils sont au contact de la population : ils ont donc une capacité d'écoute, d'échanges et d'observation peu commune. Et j'ajoute qu'une majorité des militaires – cadres et officiers généraux – sont bien plus respectueux de la démocratie que certains donneurs de leçons dont les conseils sont malvenus.

Je serai gendarme, je n'en démords pas, en 1980. Après deux années de formation à Saint-Cyr, mon classement ne me permet pas de choisir la gendarmerie et je suis contraint d'attendre cinq ans pour parvenir à mon objectif. Je passe alors le concours – encore un ! – ouvert aux capitaines des trois armées.

S'ouvrent alors trente années au sein de la gendarmerie, formidable institution. Je ferai des rencontres extraordinaires dès la première affectation à Mont-de-Marsan, je connaîtrai des expériences très fortes en Nouvelle-Calédonie et en Corse. Tout s'enchaînera en une vie passionnante, où la famille et la mission iront de concert.

Tout en m'élevant dans la hiérarchie jusqu'à devenir général, j'essaierai toujours de rester à l'écoute de mes hommes. Qu'il s'agisse des chefs, des autorités ou des subordonnés, la clarté et la franchise prévaudront toujours. Ainsi, capitaine à Villeneuve-sur-Lot, à mes débuts, j'ai entretenu des relations cordiales avec les élus, maire ou conseillers généraux, aussi bien qu'avec les parlementaires. Ma liberté de parole en a surpris plus d'un. À Avignon, où j'ai été en poste plus tard, j'ai régulièrement donné par écrit mon analyse et mes commentaires argumentés, notamment sur les lois de finances relatives au budget de la gendarmerie. À Toulouse, commandant de la Région Midi-Pyrénées, il est même arrivé que j'intervienne dans le débat public et médiatique. Dont une fois de façon mémorable, au sujet de la vidéoprotection. Si ce dispositif, disais-je, permet d'améliorer la sécurité des citoyens, il faut passer par-dessus les querelles idéologiques. J'ai été traité de

« con à la solde du pouvoir central »... Peu importe : la situation a été débloquée, et c'est l'essentiel. Les commentaires et les jugements ne m'intéressent pas.

Dans mes fonctions de directeur des opérations, j'ai défendu les intérêts de la gendarmerie. J'ai souligné certains abus, certains manquements. Conformément aux règles de notre démocratie, j'ai livré un constat objectif et sincère à la représentation nationale. On m'a demandé mon avis, je l'ai donné. J'ai ainsi scellé mon destin et sacrifié ma fin de carrière.

Commandant de gendarmerie outre-mer, j'ai instauré un fonctionnement inédit. Dans les quarante-huit heures qui suivaient mon retour d'un déplacement, le directeur général de la gendarmerie nationale (DGGN) disposait d'un rapport de deux pages, bref et précis, rédigé dans l'avion de retour : on y trouvait la liste des problèmes rencontrés et celle des propositions ébauchées. Ainsi, en octobre 2014, ai-je écrit à la ministre des Outre-mer, Mme George Pau-Langevin, que nous allions droit dans le mur à Mayotte : près de la moitié des adolescents de 16 à 18 ans sont illettrés, et les mouvements de contestation contre l'augmentation du coût de la vie, en 2011, avaient dégénéré en grèves et en manifestations qui s'étaient soldées par la mort d'un homme. De même, la ministre de la Justice, Christiane Taubira, ne pouvait ignorer la situation catastrophique des détenus en Guadeloupe, puisqu'en accord avec la procureure générale, je lui avais écrit – ce qui m'a été vertement reproché par ma hiérarchie.

Or, ma conviction est que l'expression de la réalité est le devoir premier des responsables, qu'ils soient administratifs ou militaires. Nous sommes à l'opposé du reproche qui m'a été fait : « C'est quoi, ce général qui a profité du système et qui la ramène pour vider son sac et se faire de la pub ? » Or, il ne s'agit ni de vider son sac, ni de se faire de la pub. Mais, tout simplement, d'agir pour le bien public, concept qui, hélas, semble largement tombé dans l'oubli. Comment faire avancer les choses si l'analyse n'a pas été faite ? Comment connaître les réalités du terrain, sinon en écoutant ceux qui sont là, dehors, en première ligne ? Sans information, pas de réflexion. Sans réflexion, pas d'action.

Mon parcours m'a permis de constater qu'il existe des visions étranges de la *res publica*, de la chose publique, parfois très éloignées d'une conception saine et équilibrée que j'ai faite mienne. Il faut bouger. Il faut avancer. Il faut se battre. Il faut faire mouvement. Pas par pure opportunité. Parce qu'on a des convictions chevillées au corps. Une qualité est nécessaire : l'agilité. Mais, avant d'agir, faisons un tour d'horizon. C'est l'état de notre pays qui est préoccupant.

3

Que sommes-nous devenus ?

Me voilà délivré. La liberté de parole m'a été redonnée – enfin presque. En m'excluant, la gendarmerie m'a permis de retrouver un statut de citoyen lambda, dont l'opinion compte. Les vérités que j'ai alignées avec rigueur n'ont pas été du goût de mes supérieurs – c'est leur droit. C'est le mien de revenir sur certains points que je n'ai fait qu'effleurer.

Ce qui me préoccupe, avant tout, c'est l'état du pays. Quel héritage allons-nous laisser à nos enfants ? Quel legs mes trois héritiers auront-ils la charge de perpétuer ? Notre devoir est celui d'une transmission. On nous a donné, nous avons reçu, nous devons donner à notre tour. Or, quel est ce bagage qui nous a été confié ?

Partout, en France, malgré les différences de classe sociale, les écarts d'origine, les pratiques de religion, des réalités quotidiennes diverses, un constat revient sans cesse : on ne peut pas continuer comme ça. C'est un diagnostic implacable. Une phrase qu'on entend dans les cafés, dans la rue, sur les marchés, dans les bureaux, dans les dîners. Elle me revient aux oreilles lors de séances de dédicace en province, de réunions en ville, d'interviews, d'interventions. Quel que soit le degré de culture de mon interlocuteur, quelle que soit son origine, ce leitmotiv revient, comme un refrain. On ne peut pas continuer comme ça. On sent, dans cette phrase, l'insatisfaction, la frustration, parfois la colère. Par milliers, les gens me font part d'un gâchis. Avec intensité, avec force, ces Français manifestent une grande lucidité. C'est le point de départ de ma réflexion. Mais comment poursuivre ?

Car, après ce diagnostic, qui révèle à la fois un sentiment de saturation, de rejet de la vie publique, de dégoût devant un système dévoyé, que faut-il faire ? Quelle est cette réalité que nos responsables politiques ne veulent pas admettre ? Cette réalité, la voici. Tissée de violence, d'excès, de mal de vivre, elle est le quotidien de soixante-six millions de Français.

Les agressions contre les personnes, dans la rue ou dans les transports, sont en constante augmentation. La simple politesse, pour ne pas mentionner un mot comme « courtoisie », semble avoir été éradiquée. Si un jeune se lève dans le métro pour laisser la place à une femme, on le considère comme un martien. En revanche, si un adolescent qui se balade dans une voiture à 100 000 euros assomme tout le quartier avec sa stéréo branchée à fond, personne ne dit rien. Et ce gamin qui gare sa Porsche Panamera en triple file pour acheter un paquet de cigarettes, et qui vous nargue du regard, où a-t-il appris cette attitude ? Qu'est-ce qui le rend si hostile, si agressif ? Ces comportements, dans l'espace public, sont odieux. Mais ils ne sont rien comparés à ces citoyens bien-pensants qui fraudent le fisc, trompent la Sécurité sociale, profitent des aides de l'État. Ceux-ci fragilisent notre système de solidarité, creusent le trou, sapent les fondations mêmes de cette République qui a déjà été assassinée par les collabos, pendant la dernière guerre.

Ce n'est pas tout :

— Pourquoi les professeurs sont-ils si mal rémunérés, avec des absents jamais remplacés dans des délais raisonnables ? Pourquoi les abords des lycées et collèges sont-ils devenus si peu sûrs qu'il y a des enseignants agressés par des parents, et des enfants battus, dépouillés, voire, poignardés ?

— Pourquoi le personnel soignant, dans les hôpitaux, est-il si peu considéré ? Pourquoi la santé passe-t-elle au second rang des préoccupations, avec des moyens en diminution constante, alors que l'exigence d'efficacité, elle, demeure identique ? « Sauvez-moi, docteur ! » dit-on. Mais avec quel budget ? Dans quelles conditions ?

La réalité, ainsi, prend diverses formes, toutes déplaisantes. Mais cette réalité se nourrit de fonctionnements insupportables. Je précise ma pensée : est-il normal qu'on puisse imaginer tout obtenir avec de l'argent – et de manière souvent arrogante ? Est-il acceptable que la France entière soit bloquée avec des grèves qui n'ont rien à voir avec l'intérêt général ? Est-il normal de rémunérer de manière déraisonnable certains dirigeants d'entreprise bénéficiant de parachutes dorés ? On a parfois l'impression de marcher sur la tête. Faut-il se résoudre à ce que les syndicats s'occupent de politique plutôt que de leurs adhérents, que certains responsables politiques vivent dans le déni, que des élus fassent le contraire de ce qu'ils ont annoncé, et que certains puissent continuer d'exercer leur mandat alors qu'ils ont fait preuve de légèreté, voire de malhonnêteté ?

Est-ce une fatalité que l'exploitation abusive du principe de laïcité finisse par désagréger le fondement de notre société, que l'anathème frappe les religions à cause des excès d'une minorité et que l'abandon d'une partie de la jeunesse délinquante et la remise en liberté de récidivistes deviennent la règle ? C'est insupportable.

Combien de temps accepterons-nous que l'autorité de l'État soit bafouée sur la place de la République, ou devant les murs de l'hôpital Necker ? Que le drapeau de Daech soit célébré à grand renfort de slogans ?

Enfin, pourquoi les idées extrémistes ne suscitent-elles que peu de réactions ?

Toutes ces anomalies, que chacun constate quotidiennement, illustrent non seulement les excès de notre quotidien et le manque de régulation sociale mais surtout l'impuissance de l'exécutif et de l'État en général à traiter les difficultés et les attentes collectives. Cette situation n'est pas nouvelle, mais elle menace les derniers vestiges de notre cohésion sociale.

En outre, la vie publique du pays, relayée par les médias, manifeste également beaucoup d'excès et un manque chronique de mesure. Chaque jour apporte son lot d'informations, d'événements, résultats logiques d'un comportement déraisonnable. Ce manque de mesure généralisé touche toutes les couches sociales. Avec des conséquences au quotidien : pour en avoir des exemples, il suffit d'écouter la radio, de regarder les informations ou de lire les faits divers dans la presse. Cette dégradation banalise les excès dont la fréquence finit par les rendre presque acceptables. La résignation collective dans laquelle se trouve la société française depuis quelques années n'est pas une fatalité. Un sursaut de lucidité salutaire devrait provoquer quelques réactions de nos gouvernants. Mais eux aussi sont touchés par le syndrome de l'excès, enfermés dans des logiques décalées de la réalité. Ce déphasage entre la réalité de la société et les attentes de la majorité des Français conduit immanquablement à un risque de rupture. Celle-ci se produira sous une forme ou sous une autre, et sûrement de manière brutale voire violente. Nous en avons eu un avant-goût et malgré l'état d'urgence, notre réponse à cette situation est à la fois insuffisante et inadaptée.

Les événements dramatiques de janvier 2015, du Bataclan, des boulevards parisiens et du Stade de France le 13 novembre 2015, l'assassinat des deux fonctionnaires de police à Magnanville, du prêtre catholique à Saint-Étienne-du-Rouvray et le rodéo macabre du 14 juillet 2016 à Nice relèvent d'une même logique.

Au début de l'été 2016 j'avais publié sur le site d'un hebdomadaire une tribune intitulée « Le déni français ». C'était quelques jours avant la tragédie du 14 juillet à Nice. J'observais que la France ne pouvait pas continuer « à commenter l'indicible, à supporter l'insupportable, à tolérer l'intolérable et à accepter l'inacceptable au nom d'une lâcheté qui ne se dit pas, d'un certain confort dont chacun ne souhaite pas se départir ». Je disais – en redoutant d'en avoir une nouvelle preuve – que nous avions « franchi un seuil dans l'expression du rejet de notre société. La retenue qui jusqu'au mois de janvier 2015 cantonnait les comportements à des actions plus ou moins acceptables a désormais disparu. La limite a été franchie par certains et d'autres suivront ».

Objectivement, nous avons franchi des seuils de violence très significatifs avec des horreurs qui ont mobilisé les médias et les politiques pendant un temps. Puis la vie reprend le dessus, les drames que nous avons vécus sont traités et rangés dans la rubrique des faits divers. Une seule chose rassure. Les services spécialisés travaillent et sont mobilisés, les forces de sécurité sont sensibilisées et continuent d'assurer leurs missions avec un certain succès.

Mais quelle est l'analyse de fond de ceux qui gouvernent, quelles sont les priorités et les décisions prises pour sortir de cette situation ? Nous vivons dans la politique du déni des questions de fond, qui conduit trop de Français désemparés à la résignation. Mais après la résignation, il y a parfois la révolte. Le pouvoir est tétanisé depuis des mois et, au risque de paraître caricatural, beaucoup croisent les doigts pour qu'il n'arrive rien. Cette attitude relève du vœu pieux ou de la pensée magique. Car le pire est certain. Il y aura encore du sang versé.

Sur la question des attentats qui frappent notre pays depuis deux ans, de la radicalisation et du terrorisme, il faut regarder la situation avec lucidité et ce n'est pas avec ce que nous rapportent les médias qu'il est facile d'y voir clair. Il y a deux sujets en un seul. Celui de l'existence réelle du terrorisme en France et celui de la manière dont il faut traiter cette situation inédite.

Sur les événements que nous vivons depuis les attentats de *Charlie Hebdo*, l'étude approfondie des méthodes, des circonstances et du profil des auteurs des scènes d'horreur absolue amène à une conclusion moins tranchée que les analyses convenues. Naturellement, certains liens personnels directs ou indirects existent avec des membres de la nébuleuse terroriste. Bien sûr, la consultation régulière des sites internet de Daech et autres organisations parallèles n'est pas contestable. Tout cela est établi par les services de renseignement. Personne ne peut nier que nous sommes en guerre contre ceux qui souhaitent nous imposer leurs règles et leurs valeurs.

Mais… La situation actuelle mérite une analyse bien plus fine que les approximations habituelles. Sans faire une liste complète, l'histoire moderne du terrorisme, qui démarre aux attentats de Septembre noir à Munich, en 1972, en passant par ceux imputés au Front populaire de libération de la Palestine (FPLP) et au trop célèbre Carlos, aux Brigades rouges en Italie, au GIA dans la gare RER Saint-Michel, à Paris, en 1995, met en évidence des constantes.

Reprenons. Le terrorisme suppose d'entrer dans une certaine logique, des méthodes et des objectifs. À titre d'illustration, voici la définition du terrorisme que donne l'Assemblée générale des Nations unies : « Les actes criminels qui, à des fins politiques, sont conçus ou calculés pour provoquer la terreur dans le public, un groupe de personnes ou chez des particuliers sont injustifiables en toutes circonstances et quels que soient les motifs de nature politique, philosophique, idéologique, raciale, ethnique, religieuse ou autre que l'on puisse invoquer pour les justifier. »

Or, tout ce que notre pays vit depuis deux ans ne correspond à aucun de ces critères ni à cette définition. Il n'y a pas en particulier de « fins politiques ». Quelles « fins politiques » ? Après avoir étudié en détail le parcours et le profil de tous les acteurs de ces événements dramatiques, une conclusion s'impose. Il s'agit avant tout d'agissements d'individus délinquants marginalisés et en perte totale de repères et d'identité. La référence à un islam mal compris et dévoyé n'est que l'ultime provocation de jeunes qui n'ont pas trouvé leur place dans une société dans laquelle ils ne se sont jamais reconnus. Les auteurs des actes qui ont plongé notre pays dans l'horreur sont tous, à une exception près, des petits délinquants avec un milieu familial déficient voire inexistant et des troubles du comportement plus ou moins importants. Trafiquants de stupéfiants à plus ou moins grande échelle, condamnés à plusieurs reprises pour vols, cambriolages, coups et blessures, multirécidivistes jamais incarcérés pour certains. Avant de faire une rencontre qui les conduit au passage à l'acte, ils vivent à l'européenne et, encore une fois, à une exception près, *aucun d'entre eux ne pratique la religion musulmane.*

C'est le profil classique de jeunes sans repères et sans perspectives d'avenir. À mon sens, leur action n'est pas de nature terroriste. Elle est la manifestation d'un malaise profond et l'expression d'un mal-être qui les amène à sacrifier une vie qui n'a pas de sens. Ils espèrent en trouver un en se réclamant d'une cause et d'une religion qu'ils ne connaissent même pas. C'est le résultat d'une politique d'abandon et de laisser-aller.

Ces kamikazes sont désemparés, ne se sentent pas reconnus, n'ont pas de projet personnel et de perspectives. Ils sont dans la spirale de l'échec, souvent aggravée par la question de l'appartenance à une double culture mal assumée et par toutes les manifestations du racisme quotidien. Aucun des auteurs de ces attentats n'a véritablement de bagage idéologique. Aucun n'a une conscience aiguë de défendre une cause qui peut peser sur l'avenir. Il n'existe aucune revendication ou justification dans leurs choix et leur vie personnelle qui réponde aux critères du terrorisme. Leur action est le seul moyen pour exister au moins une fois dans leur vie en y mettant fin de manière spectaculaire. La promesse de mourir en martyr, véhiculée par Internet et les réseaux islamistes, joue un rôle capital. C'est un des seuls liens avec la religion musulmane : l'espoir de lendemains meilleurs dans un autre monde…

Et quand on trouve un lien réel avec l'étranger, il est fait avec d'autres Français membres actifs d'un réseau mais animés des mêmes sentiments que les bombes humaines qui sont sur notre territoire. Mêmes causes, mêmes effets. Hormis pour les actions du 13 novembre 2015, les enquêtes ne révèlent aucune planification sérieuse ni de mesures d'organisation.

La conclusion : nous sommes en face de terroristes « accidentels ». Les attentats qu'ils commettent sont une forme paroxystique de délinquance, inspirée par les consultations de sites internet puis revendiquée et récupérée *a posteriori* et à des « fins politiques » par des organisations terroristes. Voilà la vérité.

Oui, de jeunes Français sont revenus de Syrie. Oui, des djihadistes sont présents sur notre territoire. Oui, des liens existent entre des organisations terroristes et certains individus qui résident en France, mais, à ce stade, ces profils-là n'ont pas encore agi. Certains ont tenté, mais ils ont été stoppés. Ce fut le cas à Montpellier il y a quelques mois.

Qualifier de « terrorisme » et présenter les attentats récents comme des actions commanditées et programmées par une organisation terroriste est inexact mais finalement plutôt confortable pour les autorités publiques. C'est une présentation qui permet momentanément d'effacer la responsabilité de ceux qui ont conduit les politiques publiques ayant abouti à la dégradation de la réalité sociale dans certaines zones des grands centres urbains. De ce point de vue les différents gouvernements qui se sont succédé peuvent être accusés d'une inaction coupable.

Désormais, à l'intérieur de nos villes, de nos quartiers, beaucoup de bombes humaines n'attendent qu'un détonateur. Nos services spécialisés sont efficaces, mais ils ne pourront pas tout anticiper et tout contrecarrer. Et surtout, que faisons-nous pour éviter que ceux qui ont aujourd'hui 10 ou 12 ans ne deviennent eux aussi dans quelques années des bombes humaines ? Nous devons prendre conscience qu'il est capital de traiter les causes de telles trajectoires individuelles, sinon ces comportements se reproduiront inévitablement. Le directeur général de la sécurité intérieure devant l'Assemblée nationale n'a pas dit autre chose en 2016, faisant une allusion à peine voilée au risque d'un embrasement intérieur.

4

Actions et réactions

Chaque jour, dans les quelque 5 000 brigades de gendarmerie et commissariats de police que compte le territoire, des milliers de citoyens viennent déposer plainte pour des motifs très divers. Il est ainsi aisé de mesurer depuis quelques années la marque d'un dérèglement social.

Les discussions avec les forces de sécurité sont très révélatrices. L'agressivité quotidienne est patente et les citoyens viennent chercher auprès des représentants de l'ordre un service ou parfois une écoute à laquelle ils ont droit. Leurs doléances sont parfois très éloignées du cœur de métier des gendarmes et des policiers, mais pour autant l'accueil doit rester la règle.

Ces comportements exigeants naissent de l'évolution des standards de la société française. Ceux-ci étaient fondés sur les contraintes du collectif au milieu du siècle dernier et ont sensiblement évolué vers la liberté individuelle. Cette évolution s'explique en partie par l'émergence, avec l'époque moderne, de la conscience de soi au détriment du groupe social. Elle induit des exigences individuelles plus grandes. Tant que cette conscience de soi, qui porte naturellement vers l'individualisme, s'accompagne d'une éducation aux vertus régulatrices, l'équilibre est maintenu.

Or, les standards de l'éducation ne cessent de se dégrader. Le premier exemple est celui de la politesse. Dire « bonjour », « s'il vous plaît », « merci » devient de plus en plus rare. Ne parlons pas de ponctualité, d'expression sans agressivité et de respect : c'est à qui marchera sur les pieds des autres en montant dans l'autobus.

La conscience de soi, exacerbée par les moyens de communication actuels, sans les garde-fous que constituaient les principes inculqués par la famille et l'éducation, produit les excès d'aujourd'hui. Ces excès se traduisent par la disparition de la retenue qui conduisait autrefois la plupart des citoyens à ne pas franchir certaines limites.

Il y a désormais beaucoup moins de bienséance dans le langage et la manière d'être. Cela se manifeste régulièrement par une agressivité latente envers les autres et une incapacité à supporter les contraintes de la vie collective. Le seuil de tolérance est rapidement atteint, ce qui génère des tensions. Autrefois contenues individuellement, ces bouffées orageuses sont aujourd'hui exprimées ouvertement parfois sans aucune mesure.

Les agressions de personnels de vente ou de caisse dans les magasins sont très fréquentes. Dans les hôpitaux, les personnels soignants, des urgences notamment, supportent des comportements très irrespectueux et parfois violents. Les membres des forces de l'ordre et les pompiers sont verbalement et physiquement pris à partie. Le nombre d'interventions des patrouilles de gendarmerie et de police secours dans les hôpitaux et dans des situations violentes sur la voie publique a augmenté de manière exponentielle ces dix dernières années. Les comportements se sont durcis.

Cette évolution se confirme dans le recul de l'exigence collective et se traduit par l'indifférence générale. Combien d'agressions en paroles ou par actes se déroulent dans des lieux publics sans que personne réagisse ? Qui, par exemple, n'a jamais connu une situation dans laquelle un jeune avec le volume de sa musique ou une personne (d'un certain âge parfois) au téléphone importune tout un wagon sans que personne se risque à un rappel à la courtoisie ? Ces « non-réactions » peuvent-elles être interprétées comme une marque de tolérance ou d'indifférence ? De peur, peut-être ? Difficile de répondre, mais ces absences de réactions répétées finissent par conforter celles et ceux qui ont franchi les limites et qui ne sont jamais rappelés à l'ordre. Cela peut même encourager les plus provocateurs à reculer encore les limites de ce qu'ils imposent aux autres. L'indifférence subie ou choisie est un véritable poison pour la vie en collectivité et les excès de l'individualisme prennent des formes que nous ne devrions pas accepter passivement. La disparition des devoirs et le refus des contraintes induisent des comportements de moins en moins admissibles. Alerte !

Nous souffrons également de défauts culturellement ancrés dans notre mode de vie et de pensée.

Le premier d'entre eux se manifeste dans la revendication perpétuelle. Combien de fois entend-on : « Je suis dans mon droit... J'ai droit... C'est mon droit... » ? La référence incessante aux droits est probablement la forme la plus dévoyée mais emblématique de la culture collective de notre pays qui, affirme-t-on peut-être de manière péremptoire, serait le berceau des droits de l'homme et des libertés individuelles. Mais ces « droits » autorisent-ils à empiéter sur la liberté des autres ? En France, tout est ramené aux droits, par réflexe ou habitude. Il n'existe pas un discours public, un projet de loi, un reportage, une publication, qui ne fasse pas référence à un droit quel qu'il soit. En principe, dans un pays de liberté, on jouit de ses droits sans en abuser et il n'est pas besoin d'y faire constamment référence pour qu'ils existent. Droits individuels, droit de grève, droit à l'image, droit au logement, droits des enfants, droit au travail, droit à l'oubli, droit à la formation, toutes ces constructions intellectuelles finissent par promouvoir et conforter l'individualisme. Mais les droits n'ont-ils pas un corollaire, les devoirs ? Milan Kundera dans *L'Immortalité* commente l'apparition de cette culture du droit à tous crins sur le ton de la dérision : « Le monde est devenu un droit de l'homme et tout s'est mué en droit : le désir d'amour en droit à l'amour, le désir de repos en droit au repos... le désir de publier un livre en droit de publier un livre, le désir de crier la nuit dans la rue en droit de crier la nuit dans la rue. » Ce regard d'un auteur issu d'un pays qui a connu le totalitarisme doit inciter à la méditation.

Naturellement, les droits sont fondamentaux et inaliénables, mais leur rabâchage inutile finit par avoir des effets sur ceux qui ne les comprennent pas toujours très bien.

La revendication permanente et compulsive s'exprime parfois dans un autre registre tout aussi détestable. Celui de la référence à l'argent : je paie, donc j'ai droit. Certains imaginent que l'argent donne des droits. Il donne probablement un certain pouvoir... d'achat, mais aucun droit. Seulement, me semble-il, une obligation de silence, de discrétion et de solidarité. L'exigence parfois insistante et arrogante née du pouvoir de l'argent et l'écart de plus en plus significatif entre ceux qui possèdent et ceux qui n'ont rien marquent fortement les relations sociales. Tout ce socle conditionne la culture ambiante actuelle et pèse lourdement sur notre quotidien.

En France, plus grand-chose n'est conjugué à la première personne du pluriel. Le « nous » a été effacé par le « je » et la responsabilité de cette évolution est partagée. Lorsque le « nous » existe, il se résume à une petite communauté d'intérêts souvent fragile. Il devient de plus en plus rare aujourd'hui dans les familles et dans les (grandes) écoles de faire comprendre qu'il existe des moments dans une vie où le « je » s'efface devant le « nous », que le collectif a parfois des exigences qui dépassent l'individu. La réussite individuelle en particulier ne peut raisonnablement s'inscrire que dans un projet global qui préserve une certaine harmonie et un minimum d'équilibre entre tous les membres de la collectivité. Sur le long terme la réussite individuelle est indissociable de la réussite collective. Ces messages-là ne sont plus très audibles. Comment les affirmer ?

Le comportement individualiste se confirme dans les modes et formes de consommation qui sont tous tendus vers la « réalisation et l'épanouissement individuels ». Par exemple, chacun peut, s'il le souhaite, commander des vêtements, des paires de chaussures et une voiture totalement personnalisés. L'individualisation forcenée comporte quelques dangers surtout lorsqu'elle est présentée comme la version achevée de la réalisation de soi. Tous les représentants de l'autorité au contact de la population, y compris les polices municipales, sont les témoins de cette réalité sur l'ensemble du territoire français. Traiter des procédures avec des délinquants habituels qui narguent les enquêteurs et font valoir leurs « droits » en permanence nécessite un grand sens du devoir. Combien de fois, lors de visites aux unités de terrain, les femmes et les hommes m'ont confié leur lassitude de voir les délinquants sortir du tribunal avant eux et, lors de l'interpellation suivante des mêmes auteurs, les entendre fanfaronner sur le fait qu'ils seraient rentrés à la maison avant eux. L'impunité est insupportable.

Finalement, il ne s'agit là que du résultat d'une éducation imparfaite voire d'une absence d'éducation. Les déficiences éducatives, souvent d'origine familiale, sont le terreau de comportements inappropriés et parfois déviants. L'éducation, c'est avant tout l'apprentissage de l'autorité, du respect des règles et la gestion du refus et des frustrations. Il n'y a aucun doute : les standards éducatifs se sont relâchés, ce que l'on constate régulièrement, notamment dans les écoles de formation de jeunes qui viennent servir en qualité de gendarmes adjoints, ou chez les élèves gendarmes.

Le plus surprenant est de constater le décalage important qui existe dans ce que la plupart des Français disent. Les beaux discours contrastent avec la réalité du comportement de leurs auteurs. Les rapports qu'ils entretiennent avec leur entourage, leurs collaborateurs mais également avec des inconnus dans la rue ou dans les magasins diffèrent sensiblement de leurs propos. Ce décalage entre paroles et comportement est typique de la société du paraître. Aujourd'hui, il est devenu incontestablement plus rentable de dire plutôt que de faire et de proclamer plutôt que de démontrer par l'action. L'absence de cohérence entre la pensée et l'action, et plus précisément entre les discours et les actes, est en effet un des plus profonds défauts de notre époque. Nos voisins anglo-saxons utilisent une formule très lapidaire mais révélatrice pour illustrer notre différence. Ils disent : *You talk, we do*. Vous parlez, nous agissons.

Nous cultivons dans notre pays une considération voire une admiration pour celles et ceux qui savent tenir de beaux discours avec des constructions intellectuelles brillantes. Malheureusement, les discours à eux seuls ne peuvent suffire et ils doivent être ancrés dans une réalité concrète et suivis d'effets, sinon il ne s'agit que de théories fumeuses ou d'idéologie abstraite.

La vraie vie nécessite du pragmatisme et du concret. Ce mal profond, cette absence de cohérence entre les paroles et les actes touchent aussi les responsables politiques alors qu'ils devraient être des exemples.

Finalement, ce constat pourrait être considéré comme négatif ou alarmiste. Il ne l'est pas. Certes, quelques aspects peuvent être inquiétants, mais nous avons les défauts de nos qualités. Il ne s'agit pas de se lamenter continuellement mais de parvenir à valoriser tous les aspects positifs en essayant de maîtriser ce qui va moins bien. Regarder les choses en face est un préalable nécessaire pour envisager un avenir différent. L'acceptation de ce que nous sommes est essentielle, mais elle est inséparable de la prise de conscience que chacun, quel qu'il soit, doit tenir sa place et ne pas tout attendre comme un dû. Cela suppose d'abandonner cette habitude de toujours se retourner vers l'État et de se défausser sur les autres. Je crois profondément que notre avenir commun doit se fonder sur la renonciation à certains de nos réflexes habituels et à une partie de nos exigences à l'égard des autres et de l'autorité publique. Il n'est pas possible d'attendre tout de l'extérieur sans commencer par changer son propre regard.

Voilà qui me rappelle les discussions toujours très enrichissantes que j'avais à l'occasion des visites aux brigades et aux unités opérationnelles lorsque je commandais la Région de gendarmerie de Midi-Pyrénées. Bien souvent, le débat tournait autour des mêmes thèmes, notamment sur le mauvais fonctionnement de la gendarmerie et les défauts du système qui ne permettaient pas d'être efficaces. Ma réponse n'a jamais varié : rien n'est parfait, mais le réflexe de critiquer et de se retourner vers ses supérieurs et les autres n'est pas suffisant. La première des interrogations doit *toujours* être celle-ci : que puis-je faire ou proposer au quotidien pour améliorer les choses avant de me retourner vers la hiérarchie ? Ma démonstration était toujours identique : chacun a une place éminente dans le système et représente une partie (1/97 000) de la gendarmerie. Tout général que j'étais, je représentais la « même fraction de gendarmerie » que chaque gendarme affecté dans une unité de l'Aveyron ou des Hautes-Pyrénées. Naturellement, nos responsabilités n'étaient pas les mêmes mais, pour autant, j'ai toujours été à l'écoute de ceux qui, ne se contentant pas du strict minimum, avaient le désir de faire progresser le collectif.

Je crois que cette vision des choses a marqué beaucoup de mes interlocuteurs et a permis de changer leur regard sur le sens de leur action. Cette ambition-là, nous devons l'avoir pour la France. Il faut redonner à chacun la conviction d'appartenir à un ensemble, à une communauté de destin, à une nation dans laquelle il a d'une part une place et d'autre part un rôle à jouer. Il est capital de changer de mode de fonctionnement, c'est-à-dire de développer et de diffuser une autre idée de notre projet national commun. J'entends déjà les railleurs, les défaitistes et les faux intellectuels qui n'ont jamais rien connu d'autre que les discussions parisiennes à l'intérieur du boulevard périphérique. Ils ne manqueront pas de qualifier mes propos d'« utopistes », de « naïfs », ou pire encore. Qu'importe. Car s'ouvre devant nous un vaste chantier qui repose avant tout sur le comportement individuel.

Chacun peut et doit continuer à vivre en devenant un acteur du changement. Il ne s'agit pas de révolutionner le monde mais simplement de quitter cette indifférence qui nous fait accepter d'assister parfois à des scènes révoltantes sans réagir. Ce sont des petits moments insignifiants de la vie que chacun connaît en se disant qu'il est préférable de ne pas se mêler d'histoires qui pourraient provoquer une réaction.

À partir de ce constat une évidence se dégage : il n'est pas possible de tout attendre passivement sans se sentir véritablement concerné par l'avenir commun. Comment chaque Français peut-il contribuer à faire évoluer ce qui n'est pas satisfaisant ? Tout simplement en sortant de l'indifférence, en réagissant en temps réel avec mesure à certaines situations vécues, en s'exprimant lorsque c'est nécessaire, en se sentant davantage concerné par le collectif, en usant du droit de vote en faveur de ceux qui proposent de sortir des sentiers battus. Voilà qui ne révolutionnera pas notre société du jour au lendemain, mais ces inflexions qui proviennent des forces vives du pays sont toujours les plus efficaces.

Un autre sujet d'importance concerne la place et le rôle de l'État qui a creusé un immense fossé avec ceux dont il détient la légitimité. Comment refonder les rapports de confiance entre la puissance publique et ses administrés, et surtout comment redonner à tous les Français la fierté d'appartenir à une nation riche de son histoire, de sa culture et de sa diversité ?

Il n'y a pas de réponse unique à cette question. Pourtant, elle est, à n'en pas douter, un élément capital de la cohésion de notre pays. Le rôle de l'État est essentiel, je l'ai mesuré en participant pendant près de quarante ans à l'un de ses rouages et pourtant depuis des années il manque singulièrement de lisibilité pour les Français. L'État est partisan, clivant, avec trop souvent une approche idéologique éloignée du pragmatisme qu'exige la complexité de la vie moderne. Or la logique voudrait que l'action de l'État ne conduise pas à séparer et à fracturer en permanence. Son premier devoir est la cohérence et le rassemblement. Parlons-en.

5

Le premier devoir de l'État

Cohérence et rassemblement, oui.

La cohérence, d'abord. Favoriser celle-ci n'est pas chose facile, d'autant que les occasions de clivages et de séparations sont très nombreuses.

Quels sont les intérêts que l'État doit défendre et dans quelle logique s'inscrit-il ? Trop souvent, les décisions de l'exécutif divisent, séparent et dressent parfois les Français les uns contre les autres. Parmi les plus récentes, la plus emblématique a été la loi concernant le mariage pour tous. Nul doute qu'un débat devait être engagé sur le sujet afin de prendre en compte une réalité humaine et sociale. Mais était-il prioritaire, au moment où la France avait davantage besoin de se retrouver plutôt que de se séparer ? Sans rentrer dans le débat de fond qui demeure tout en étant juridiquement tranché, était-il raisonnable, responsable et utile de commencer ces cinq ans par un projet de loi de cette nature ? Ce « pour tous » a été un contresens. Car cette loi a profondément divisé notre pays, conduit l'État à prendre une posture parfois équivoque et à ne pas dire la vérité, notamment sur les chiffres de la mobilisation à l'occasion des manifestations. Elle a conduit à une radicalisation dans chaque camp. Finalement, cette disposition législative qui a mobilisé le pays et des énergies considérables a-t-elle apporté une plus-value significative à l'ensemble de la société ?

La réponse est clairement non et cette « croisade » a laissé des traces indélébiles dans l'inconscient collectif. Plus précisément : combien de couples ont bénéficié de ces dispositions depuis la promulgation de la loi ? Moins de 40 000, c'est-à-dire une moyenne de 8 000 à 10 000 par an.

Voilà l'exemple type de mode de gouvernance qui pose le problème de l'intérêt général. Ce projet s'inscrivait-il dans une dynamique d'intérêt de notre pays ? La réponse est encore non. Le combat livré par le nouveau pouvoir était la résultante de promesses et d'engagements pris et portés par des groupes d'influence très présents dans les coursives du pouvoir. Certes, il était urgent d'améliorer les dispositions du Pacs, en matière patrimoniale notamment, et de faciliter la vie commune des couples homosexuels, mais prendre le risque de couper le pays en deux était sans commune mesure avec les maigres enjeux d'une influente minorité.

Que l'on ne se méprenne pas sur mes propos ; il ne s'agit pas de porter un jugement sur celles et ceux qui bénéficient de ces dispositions depuis le 17 mai 2013. J'observe simplement qu'il aurait été possible d'obtenir un résultat juridique équivalent sans en faire un cheval de bataille et en évitant de scinder la société française, dont les deux camps se sont déchirés avec des excès regrettables. J'ai eu cette discussion avec un ministre du gouvernement de l'époque en lui indiquant au cours d'un déjeuner en tête à tête les consignes peu républicaines qui avaient été données à certains commandants d'escadron de gendarmerie mobile en service lors des manifestations de 2013. Certaines directives données par des fonctionnaires de la préfecture de police pour traiter le cas des « veilleurs » nocturnes sur l'esplanade des Invalides ne furent pas non plus très flatteuses pour notre démocratie.

J'ai observé, pour la première fois de ma vie d'officier de gendarmerie, au cours d'une réunion en mai 2013, plusieurs commandants d'escadron de gendarmerie mobile exprimant des problèmes de conscience au regard des consignes contraires à leur éthique. Certains ont pris la décision d'adapter ces consignes et d'autres de ne pas les appliquer. Grandeur et servitude... Autre exemple : une des dernières mesures de nature à favoriser un climat délétère a été rapidement abandonnée, heureusement, en fin d'année 2015. Elle concernait la promotion de la délation fiscale. Dénoncer son voisin parce qu'il ne paie pas ses impôts... Voilà malheureusement ce qui peut germer dans l'esprit de nos gouvernants alors que tant de problèmes de fond ne sont pas réglés.

Question de méthode... Construire une maison commune dans laquelle chacun a plaisir de vivre, c'est avant tout préserver et promouvoir le respect de principes pour lesquels les générations qui nous ont précédés se sont battues : l'indépendance de notre pays, la liberté, la justice, le respect de chacun. À cela, j'ajoute volontiers certaines vertus qui n'ont plus droit de cité que sont la probité, la tolérance (la vraie...). La somme de toutes ces valeurs partagées et mises en pratique constitue le socle sur lequel il est possible de construire une société harmonieuse. Notre pays doit pouvoir s'appuyer sur un État solide qui détermine ses actions à partir des besoins de notre corps social. L'État doit répondre à ces besoins avec neutralité et bienveillance pour le bien-être de la majorité, d'une part, mais avec une grande exigence à l'égard de ses propres agents au service de la collectivité, d'autre part.

Rassembler, fédérer n'est pas chose facile, surtout dans un contexte marqué par la surconsommation et un individualisme omniprésent. Pourtant, il est absolument nécessaire de nous unir autour d'un dénominateur commun, d'un idéal partagé. Il faut donc revenir à des références incontournables qui ont un fort caractère symbolique.

Les notions de patrie et de fierté nationale ont été trop longtemps dévalorisées voire dénaturées. Elles reposent notamment sur le respect de certains symboles, dont le premier est notre emblème national. Tout comme la colombe blanche qui incarne la paix, notre drapeau avec ses trois couleurs mérite un respect et une considération aujourd'hui partiellement perdus. Ce respect doit en particulier nous conduire à réagir lorsque des individus brandissent des drapeaux de Daech sur la voie publique. D'autres drapeaux étrangers, dans les mêmes conditions, ne devraient pas être tolérés. Pourquoi ? Parce que, d'une part, ces drapeaux sont utilisés par des provocateurs dans des conditions manquant de respect envers les États et parce que, d'autre part, la présence sur la voie publique de tels drapeaux (hormis ceux des organisations terroristes, bien sûr) doit être réservée à des occasions officielles réglementées. Un drapeau est le symbole d'un peuple, d'une nation, de l'histoire d'un pays et personne ne doit permettre qu'on fasse litière de ce bagage.

L'identité nationale n'est pas une expression grossière ni un défi aux droits de l'homme. C'est une réalité qui manque aujourd'hui cruellement de consistance malgré les tentatives hasardeuses des uns et des autres pour essayer de la remettre au cœur des débats. Rêver d'une France dans laquelle tous ceux qui vivent retrouvent le chemin de la fierté et sont conscients du patrimoine dont ils sont héritiers n'est pas une mièvrerie.

Je suis de ceux qui n'ont pas l'intention de laisser ces notions capitales à la seule disposition d'un parti d'extrême droite. Être français ne se résume pas à ses origines, à sa couleur de peau, à sa religion ou à l'endroit où l'on est né. Être français, c'est accepter de se conformer aux lois, de pratiquer la langue française, de participer à la vie et à l'effort collectifs en s'acquittant de tous les devoirs d'un citoyen, et être fier d'appartenir à une communauté riche de ses traditions et de sa diversité. C'est surtout aimer son pays, ce qu'il représente et donc respecter le drapeau et l'hymne national.

Combien de fois, dans des lieux de rassemblement, au moment où retentissent les premières notes de *La Marseillaise*, certains n'ont qu'une attention toute relative voire une attitude franchement incorrecte sans que cela choque quiconque ? J'avoue en ces cas avoir une pensée pour tous ceux et celles qui, en divers moments de notre histoire, ont fait don de leur vie au nom d'une liberté dont trop de Français ignorent le prix. Cette éducation citoyenne incombe à l'école, où la signification de notre drapeau devrait être enseignée, ainsi que l'hymne national, dont les paroles pourraient retentir régulièrement.

On me dit parfois que cette vision de la France est dépassée. Je suis convaincu du contraire. Et pour tout dire, je suis agacé que cette approche soit aussitôt taxée d'extrémisme et rapprochée des positions du Front national. Il y a quelques mois, interrogé par un journaliste dans le nord de la France, je parle d'autorité et de fermeté de l'État, et aussitôt ce journaliste, par ailleurs très bienveillant, ramène mes propos à ceux tenus par Marine Le Pen quelques jours plus tôt. Ma réponse est la suivante : dans notre pays, il faut stopper au plus vite cette dictature qui consiste à rendre « impropres à la consommation » les mots et les thèmes dont s'est emparé le Front national. Défendre certaines idées devient désormais suspect parce que le FN en a parlé. Or, les idées ne sont pas la propriété d'un parti. Quoi qu'on en pense, le FN a un mérite. Celui d'avoir mis en évidence des thèmes abandonnés par les autres partis politiques. Mais lorsqu'on a une certaine idée de l'homme on ne peut pas partager les positions de cette formation politique. On peut comprendre, cependant, les millions de Français qui, en votant aux extrêmes, posent un acte de rejet de la politique traditionnelle. Pour autant, cela ne précipite pas ces électeurs hors de la démocratie. C'est pourtant la nature des commentaires entendus dans les coursives du pouvoir. Chaque Français, quelles que soient ses opinions, a droit au même respect.

Quand on a passé près de quarante ans de sa vie au service de son pays, on a sur l'autorité et sur la notion d'identité nationale les idées assez claires. Je n'ai pas l'intention d'en changer au motif qu'un parti politique s'est approprié certains thèmes. Rien ne peut s'opposer au sentiment d'appartenir à une nation comme la nôtre. La mondialisation du marché, l'idée d'une Europe forte et la compétitivité de notre pays ne font pas obstacle au sentiment ancré d'appartenir à un grand pays par les valeurs qu'il porte. Soyons fiers d'être français et réapproprions-nous les symboles qui favorisent le rassemblement. Ils sont absolument nécessaires. Mais à eux seuls, ils ne peuvent durablement assurer ce lien qui nous manque tant aujourd'hui.

Ma conviction aujourd'hui s'articule autour du constat suivant : les symboles peuvent rassembler par la force de leur représentation, ce qui n'est pas toujours le cas des idées. Ainsi, nous avons une devise qui figure sur le fronton de nos mairies dont nous faisons parfois un bien mauvais usage : *Liberté, Égalité, Fraternité.* Dans combien de classes de nos établissements scolaires évoque-t-on ces trois mots pour en expliquer la portée, la signification et l'importance ? Ces valeurs qui devraient baliser notre vie quotidienne ont-elles encore un sens pour nous et particulièrement les plus jeunes ?

D'une manière caricaturale pour nombre de Français, la liberté, c'est pouvoir faire ce que je veux quand je veux, l'égalité, c'est « avoir » toujours plus, et la fraternité est une idée bizarre tellement ceux qui sont à côté de moi ne me ressemblent pas. Notre devise, qui porte en elle les germes de l'harmonie, est une référence absente des débats politiques, par exemple. La fraternité n'a malheureusement aucune existence ni visibilité alors même qu'elle est porteuse de tolérance et d'espérance. Se réapproprier notre devise nationale dans toutes ses dimensions est un défi incontournable et ne peut pas être considéré comme une démarche passéiste, surannée ou à caractère nationaliste. Revenir aux fondamentaux, redonner aux jeunes Français des repères simples et conformes à notre patrimoine identitaire et culturel, c'est se donner les moyens de construire un avenir lisible pour tous.

Mais notre pays est le champion de la rhétorique, et dans cette perspective l'erreur majeure est de croire à l'omnipotence des idées plutôt qu'à la force des valeurs et des symboles. En France, il est très difficile de fédérer durablement autour des idées. En revanche, il est possible de rassembler autour de symboles, car ils transcendent les opinions et parlent d'eux-mêmes sans justification. « Rassembler » est un terme galvaudé dans les discours politiques, mais il est essentiel dans un projet de société. Il est bien plus constructif de l'organiser autour de symboles et de convictions que sur des programmes élaborés comme des listes à la Prévert dont le caractère éphémère n'échappe à personne.

J'ai été durablement marqué par une analyse de Régis Debray, qui considère que notre pays s'est débarrassé de manière incidente de toute référence au « sacré » pour ne se consacrer qu'à la matérialité. Choix funeste, car seul ce qui nous dépasse peut nous réunir. Or une communauté de destins et un projet de société, par essence, sont bien au-delà de chacun d'entre nous. Les symboles qui viennent d'être évoqués et qui représentent à la fois notre histoire, notre patrimoine et notre richesse culturelle collective doivent toujours être présents dans la conscience individuelle et collective. Ils doivent être un réflexe de vie. Or voilà près d'un demi-siècle que ces références se délitent de manière progressive – depuis Mai 68. Cette évolution nocive nous a précipités dans une conception de la société et de la vie politique uniquement centrée sur des objectifs matériels dans un univers de promesses. Un tel mode de fonctionnement n'apporte aucun résultat tangible. La déception est à la hauteur des espoirs que les promesses font naître.

En dehors des devoirs de l'État, vivre en collectivité présente des difficultés. Il suffit d'observer dans nos propres familles les trésors de pédagogie ou de patience qu'il faut déployer pour obtenir une certaine harmonie. Et parfois user de fermeté. Vivre en harmonie reste l'objectif prioritaire d'une société, d'une nation. Aujourd'hui, nous vivons côte à côte, nous coexistons mais bien souvent dans l'ignorance réciproque. La proximité géographique ne suffit pas. Sans désir de se parler et de se connaître, il ne peut y avoir d'échanges. Or, telle est la situation actuelle de certains de nos grands centres urbains dans lesquels cohabitent des groupes, des quartiers, des personnes qui n'ont rien en commun. Notre société est collectivement en panne. Nous vivons désormais en collectivités, au pluriel.

Certes une partie de la responsabilité de cette situation incombe aux hommes et aux femmes qui gouvernent ou votent les lois. Mais nous les avons élus. Nous ne pouvons pas en permanence nous désolidariser d'eux, même si nous ressentons légitimement de la déception au vu des résultats dans la conduite des affaires publiques. Depuis mon enfance, j'ai toujours entendu le même refrain : « On a les élus que l'on mérite. » Et, pour tout dire, je reconnais le droit de commenter et de critiquer l'action des élus et de l'exécutif à ceux qui se déplacent pour voter mais pas à ceux qui ne le font pas.

C'est une des raisons pour lesquelles il est largement temps de reconnaître le vote blanc. Celui-ci a une autre valeur, un autre poids que celui qui lui est attribué aujourd'hui. Il n'est pas nul. Il signifie quelque chose. Oui, la responsabilité de l'État dans les fractures et les maux qui marquent notre société est criante, mais la nôtre, collective, ne l'est pas moins. L'opinion publique attribue trop facilement la responsabilité de cette dégradation à une frange de la population, en particulier aux communautés d'origine étrangère. Il y a une part de vérité dans tout cela et il nous faudra tôt ou tard l'affronter. Le plus tôt sera le mieux.

Une nation ne peut rien construire de durable s'il existe en permanence des sujets de fond qui sont évités ou des débats qui sont écartés voire rendus tabous pour diverses raisons. Deux de ces sujets sapent notre cohésion sociale. L'immigration et l'islam. Les aborder avec mesure et transparence me paraît salutaire. Ce sont des thèmes emblématiques que je n'ai pas abordés publiquement jusqu'ici, alors même que mes responsabilités antérieures m'avaient amené à traiter ces questions au travers des phénomènes de délinquance notamment. Les évoquer aurait pu créer une polémique, mais j'ai appris à mes dépens qu'elle peut naître même lorsque les propos tenus ne s'y prêtent pas.

6

De pays lointains

L'immigration a toujours été un sujet délicat. Dans les années 1920 et 1930, les Polonais et les Italiens étaient considérés comme des envahisseurs. Aujourd'hui, les vagues d'arrivants syriens ou comoriens sont regardées avec suspicion. Or, il y a plusieurs types d'immigrants : il y a ceux qui fuient leur pays pour des raisons de sécurité. Ceux qui sont arrivés il y a longtemps, dont les enfants nés en France se comportent comme des étrangers. Ceux qui sont arrivés clandestinement. Ceux qui espèrent une vie meilleure, leur pays étant la proie d'une misère noire…

Les amalgames sont fréquents. Mais il y a une réalité. Près de 8 millions de résidents sur notre sol sont nés à l'étranger, dont la moitié dans des pays européens. Environ 100 000 personnes obtiennent la nationalité française tous les ans. Près de 30 000 personnes sont reconduites à la frontière chaque année. La population illégale sur le sol français est estimée entre 500 000 et 800 000 personnes. Que faire ? La tétanie des pouvoirs publics sur cette question est patente. Elle est entourée d'un silence intellectuel inquiétant. Mais cette apathie n'est pas nouvelle.

Reprenons. Les grands brassages de populations ne datent pas d'aujourd'hui. Sans remonter à Charles

Martel, qui, en 732, écrasa les envahisseurs à Poitiers, provoquant des mélanges de peuples (nombre de soldats étrangers firent alors souche en France, par exemple dans les Alpes ou dans le Perche – Mortagne étant une déformation de « montagne Maure », dit-on), on voit que, dans notre histoire récente, les immigrés furent légion. Après la guerre de 1914, l'arrivée des Russes blancs chassés par la révolution soviétique, puis l'appel aux travailleurs polonais pour la reconstruction du Nord et la remise en route des mines de charbon vont constituer une première vague, notamment en Lorraine. La fin de la guerre de 1939 va poser de nouveaux problèmes, tant par les événements d'Indochine et d'Algérie que par l'appel à une main-d'œuvre étrangère. Passé les grands déplacements de population des années 1940, où des pays entiers ont été bouleversés par la haine nazie, la France a retrouvé une certaine stabilité dans l'ère de la reconstruction. Chassés par le communisme, libérés des camps, parfois devenus apatrides, les migrants du début des années 1950 ont cherché à oublier le chaos de la défaite allemande. Chez nous, l'histoire de l'immigration d'après-guerre commence en 1962 avec l'arrivée des harkis en métropole à l'issue de la guerre d'Algérie. Comment avons-nous accueilli ces milliers de soldats et leurs familles ? Des hommes qui ont risqué leur vie pour la France et qui, en raison de ce choix, ont été contraints de quitter leur terre natale, se sont trouvés déracinés pour s'installer dans plusieurs régions de France. Nous les avons parqués dans des cités et laissés face à leur désarroi. Quoi qu'on en pense, il s'agissait de Français, de soldats français. Après les républicains de la guerre d'Espagne, les harkis n'ont pas été mieux traités.

Le malentendu commence ainsi et les fils de harkis que j'ai côtoyés lorsque je commandais la compagnie de gendarmerie de Villeneuve-sur-Lot au début des années 1990 s'étaient déjà marginalisés. Ils m'ont fait connaître l'angoisse du premier cocktail Molotov explosant à quelques mètres de mon véhicule de service. Ils manifestaient alors leur rejet de la France qui n'avait pas su traiter correctement leurs parents. Quelques années après, les enfants issus du regroupement familial décidé sous la présidence de Valéry Giscard d'Estaing suivaient le même chemin.

Depuis, plusieurs générations se sont succédé, complétées par une immigration importante et non contrôlée d'origine africaine et souvent de confession musulmane. C'est ainsi que de nombreuses communautés de nationalités différentes se sont regroupées dans des cités, en particulier dans des grandes villes, sans contact ni mixité avec le reste de la population.

L'accueil des Français d'origine étrangère et maghrébine en particulier n'a pas eu lieu. Ils se sont adaptés comme ils ont pu en resserrant les liens communautaires. Et surtout, nous n'avons pas été suffisamment clairs avec la population admise légalement sur notre territoire. Nous aurions pu l'être davantage si nous les avions correctement accompagnés, avec un minimum de considération.

Venir en France, s'y installer, c'est avant tout vivre selon le mode de vie français en acceptant les règles de notre communauté nationale. Cela demande des efforts, à savoir apprendre à parler le français, se conformer aux règles de comportement habituelles y compris sur le plan vestimentaire. Ces exigences ne leur ont pas été indiquées. Ce qui fait qu'aujourd'hui une ou deux générations d'immigrés vivent sur notre territoire, écartelés entre la vie communautaire et le modèle républicain qu'ils découvrent à l'école et à l'extérieur des limites du « terrain » qu'ils se sont approprié dans les cités où ils résident.

Vivre en France, c'est également apprendre les valeurs qui font de notre pays ce qu'il est. L'État a en ce domaine un rôle éminent : indiquer les règles qui s'appliquent sur notre territoire et accompagner ces arrivants le temps nécessaire pour permettre une adaptation au mode de vie de notre pays. Qu'a-t-on fait, pendant toutes ces années ? Pas grand-chose. En pratique, l'État s'est défaussé sur les bonnes volontés, généralement des associations pour certaines très méritantes et d'autres pas toujours très claires. Une partie de ces associations a été subventionnée sans le moindre contrôle.

Prenons une image : lorsqu'on s'installe dans un pays, c'est comme des vacances à l'étranger. Soit on reste dans le périmètre de l'hôtel où sont reproduits les schémas habituels d'où l'on vient, et il s'agit alors de passer un séjour confortable à uniquement profiter du soleil ou des activités organisées en interne. Soit on s'intéresse au lieu dans lequel on est, et dans ce cas il faut bénéficier d'un guide pour comprendre le pays. À lui d'indiquer comment se comporter dans telle ou telle situation.

Nous n'avons pas fourni de guide à des dizaines de milliers de personnes qui n'ont jamais compris que vivre en France demande des efforts et des renoncements. Nous n'avons pas demandé non plus aux arrivants de se conformer à des règles qui s'appliquent à tous. L'accueil de ces populations et des enfants nés de cette immigration n'a pas été géré et il s'est produit ce qui se produit lorsque des enfants passent devant un magasin de jouets et qu'ils s'arrêtent. Leurs parents, ou ceux qui sont autour, leur disent : « Non, tout cela n'est pas pour toi. » Puis un jour ces enfants qui ont grandi se rendent comptent qu'ils peuvent entrer dans le magasin mais qu'ils ne peuvent rien acheter. Résultat : l'incompréhension, la révolte et le chapardage.

Des dizaines de milliers de personnes vivent sur notre territoire dans des conditions insatisfaisantes car regroupées en communautés et continuant à vivre selon les coutumes et les traditions du pays qu'ils ont quitté pour rejoindre la France.

Une petite parenthèse pour illustrer ce constat. Au début de l'engagement de la France dans la lutte contre l'État islamique au Mali s'est posée la question de savoir dans quel état d'esprit était la diaspora malienne vivant sur notre sol. Les services de renseignement se sont rendu compte alors que nous ne disposions d'aucune information et que rien n'était organisé pour suivre l'évolution de toute la population d'origine malienne.

Pourquoi ? Tout d'abord parce qu'avec la disparition des Renseignements généraux, en 2008 – une décision mal préparée –, les services de renseignement ont été totalement désorganisés. Personne n'a été chargé de suivre les différentes communautés. Les conséquences de cette décision mise en œuvre de manière désastreuse se font encore sentir aujourd'hui. Ensuite, parce que nous sommes toujours sous l'emprise de cette pression intellectuelle qui ne permet pas dans notre pays de singulariser les personnes par leur origine, leur religion. Ce serait contraire aux droits de l'homme... Tout cela n'est pas sérieux. Nous avons absolument besoin de renseignements pour connaître l'état de notre société, apporter des solutions, répondre à des attentes, comprendre certains comportements et anticiper certaines réactions. Or c'est impossible aujourd'hui.

Ce refus d'affronter la réalité et de reconnaître les différences d'origines ou de religions pollue le fonctionnement de notre vie publique. Le fait de les nommer est déjà considéré comme un signe de discrimination. Et pourtant cette connaissance de la vraie vie et de la diversité des populations installées sur notre territoire est incontournable.

Comment regarder le monde quand on a un bandeau sur les yeux ? J'ai le souvenir d'une « alerte enlèvement » récente au cours de laquelle le signalement de la personne soupçonnée avait été diffusé. Il était question d'un « individu de race noire ». Cette précision avait fait polémique. Or, quoi de plus naturel que d'employer un langage clair et compréhensible par tout le monde ? Il ne s'agit pas d'une opinion ou d'un jugement, mais d'une description. Pourquoi soulever des difficultés sur des choses aussi simples ?

Ces réactions et postures n'ont aucun sens. Elles feraient réagir sans nul doute les intellectuels comme Aimé Césaire ou Léopold Sédar Senghor, s'ils étaient encore vivants. Le courant de la négritude qu'ils ont fondé est rigoureusement l'antithèse de ces tentatives d'effacer les différences. Celles-ci doivent être reconnues et assumées. Non pour stigmatiser, séparer, cliver et exclure mais pour faire en sorte que chacun trouve sa place dans le respect des fondements et des principes de notre pays. Connaître ceux qui ont décidé de venir vivre en France paraît la moindre des choses à la fois par nécessité, ne serait-ce qu'en termes de sécurité, mais également par respect pour ceux que nous accueillons. Les reconnaître pour ce qu'ils sont, c'est aussi les renforcer dans leur dignité. Or, le déni et l'ignorance ont prévalu. Il n'y a pas de quoi être fiers. Par facilité, nous évacuons la responsabilité sur des puissances étrangères avec lesquelles, pour certaines, nos autorités politiques entretiennent des relations troublantes. Étrange situation.

L'insertion est une manière de se fondre dans notre société. Il n'est pas possible de venir se servir dans notre pays comme dans un magasin de jouets. Il n'est pas possible d'obtenir une activité professionnelle rémunérée, de profiter de l'école publique, des aides sociales diverses, des allocations familiales, des soins quasiment gratuits tout en continuant à vivre, à parler et à s'habiller comme dans son pays d'origine. Il y a obligatoirement un contrat moral dans lequel chacun doit respecter ses obligations. Ce travail de fond doit être entrepris avec ceux qui arrivent légalement dès maintenant, mais il appartient également aux élus locaux et aux services des collectivités territoriales de faire passer ce message. Il ne doit évidemment pas être brutal et agressif. Il relève de l'éducation civique que nous devons aux hommes et aux femmes qui viennent partager notre destin.

Une des erreurs manifestes de l'État est de ne pas avoir pris les mesures pour distinguer les migrants réguliers (dont les réfugiés) de ceux qui séjournent illégalement sur notre territoire. La présence des seconds compromet les chances de réussite et d'accueil des premiers.

Sur les réfugiés, il faut dire une chose essentielle. Nous n'avons aucune alternative : nous devons les accueillir. Il s'agit d'un devoir de solidarité humanitaire – qui par ailleurs est imposée à tous les États par les conventions internationales. Quoi de plus naturel que d'accueillir des personnes qui risquent leur vie dans leur pays pour des raisons politiques ? Encore faut-il que ceux qui revendiquent le statut de réfugiés le soient vraiment.

De ce point de vue, l'Office français de protection des réfugiés et des apatrides (Ofpra) réalise un travail considérable. Même si les temps d'instruction des dossiers sont parfois trop importants, le taux d'admission dans notre pays n'est plus de 80 % comme dans les années 1980 mais se situe aux environs de 30 %. Le nombre de demandes chaque année représente environ 80 000 dossiers même si en 2015 elles ont augmenté de 23,6 %. Ce ne sont pas les réfugiés qui posent problème – d'autant qu'ils n'aspirent qu'à une seule chose, trouver du travail et reprendre une vie normale. Mais en revanche lorsque les demandeurs d'asile sont déboutés et se voient refuser le statut de réfugiés, l'incapacité de leur faire quitter notre territoire est établie et reconnue. En d'autres termes un étranger, quelle que soit sa véritable histoire, en se prévalant d'une demande d'asile, est quasiment assuré de rester sur notre sol même si le statut de réfugié ne lui est pas accordé. Nous avons là un problème à régler. Qui aura le courage de l'affronter ?

En revanche, séjournent en France beaucoup trop de ressortissants étrangers qui par des artifices divers réussissent à se maintenir en toute illégalité avec notamment de fausses identités ou des identités multiples. Ils parviennent à leurs fins avec la complicité des ressortissants de la même origine qu'eux, grâce à des filières et à quelques chefs d'entreprise français qui ne sont pas toujours regardants sur la situation juridique de leurs employés, voire qui en profitent parfois pour les exploiter. Cette situation est très répandue et j'en ai eu régulièrement la preuve au travers des enquêtes réalisées. Chaque année la gendarmerie traite environ 5 000 affaires de travail illégal, dans lesquelles figurent des étrangers en situation irrégulière. Par ailleurs l'Office de lutte contre le travail illégal traite les plus importantes d'entre elles. Sur ce sujet, l'État doit assumer ses responsabilités avec courage et constance. Cela ne veut pas dire multiplier les textes et directives.

Un seul exemple pris dans l'actualité récente : la « jungle » de Calais. Comment se fait-il qu'aucune décision de fond n'ait été prise depuis tout ce temps ? L'affaire débute à la fin des années 1990 avec le centre de réfugiés géré par la Croix-Rouge à Sangatte et Coquelles, aux abords du tunnel sous la Manche et de Calais. Il ferme ses portes en 2002, mais pour autant le flux des réfugiés ne cesse pas. Le nombre de migrants attirés par une émigration vers le Royaume-Uni augmente progressivement pendant vingt-cinq ans. La crise migratoire du début des années 2010 amplifie le phénomène. Ce sont des milliers de migrants qui vivent là dans des conditions déplorables. Fin 2016, plus de 10 000 personnes campent sur une zone devenue incontrôlable. Des agressions de chauffeurs routiers, de gendarmes et de policiers de plus en plus fréquentes, puis une révolte des élus amènent l'État à se mobiliser plutôt que d'épuiser des dizaines d'unités de gendarmes mobiles et de CRS. Plusieurs déplacements de ministres de l'Intérieur n'y feront rien et celui du président de la République en septembre 2016 sonne comme un aveu d'impuissance. Finalement, l'endroit est évacué. Une grande partie des migrants est dirigée vers des communes dans toute la France. L'autre partie, elle, s'est évanouie dans la nature. Résultat final : un nouveau camp provisoire au niveau du métro Stalingrad à Paris qu'il a fallu évacuer et plus de 50 % des migrants repartis des lieux où ils avaient été transportés.

Mauvaise pioche.

Rien ne se règle efficacement lorsque la situation perdure depuis des années sans prise en compte sérieuse. Rien ne se règle facilement lorsque les lois de la République ne sont pas appliquées malgré les demandes des élus et des citoyens. Rien ne se règle sérieusement sous les projecteurs des caméras. Rien ne se règle durablement sans que les questions de fond soient traitées. Les bons sentiments ne suffisent pas et ne remplacent pas la rigueur nécessaire pour faire face aux difficultés.

En l'occurrence, l'essentiel des migrants de Calais ne souhaitait pas rester en France et, de ce point de vue, notre relation avec le Royaume-Uni aurait dû permettre de régler la question en souplesse. Mais il est clair qu'il n'est jamais possible d'offrir l'image d'une régularisation automatique des migrants, ce qui équivaudrait à la déclaration catastrophique d'Angela Merkel en août 2015. Elle donnerait un signal désastreux et déclencherait un mouvement de centaines de milliers de personnes vers l'Europe et la France. Le traitement de la « jungle » aurait dû passer par l'identification biométrique de chaque migrant et un traitement individuel qui devait se conclure soit par une admission en bonne et due forme vers le Royaume-Uni, soit par une expulsion. Il n'y a pas d'autre solution pour des personnes qui ne veulent pas rester en France. La solution adoptée sur ce cas particulier a été la pire qui soit : la répartition sur l'ensemble de la France dans des communes à qui l'on impose d'accueillir des migrants dont on sait déjà qu'ils ne souhaitent pas s'y installer a été catastrophique. En outre, des directives écrites ont été données pour ne pas chercher à établir réellement l'identité des évacués... Un défi au bon sens et à la légalité. Cette incompréhensible apathie de plusieurs années devant une situation connue donne la mesure du manque de volonté de traiter la question de l'immigration avec pragmatisme.

Pour les forces de l'ordre, ces missions sont très éprouvantes, car elles sont humainement difficiles. Il s'agit de maintenir la tranquillité publique, alors que les autorités sont tétanisées et qu'une partie des migrants ne respectent rien. La violence peut être extrême, car ces étrangers sont prêts à tout après avoir traversé de nombreux pays pendant de longs mois en y consacrant tous leurs moyens. Dès que l'affaire tourne mal, personne n'assume les conséquences de l'inertie des autorités et parfois des images tournées à la sauvette mettent en cause ceux qui essaient malgré tout d'assurer la sécurité dans des conditions extrêmes.

Des témoignages récents de gendarmes mobiles ayant assuré ce service de Calais sont édifiants. En les écoutant, je mesurais la difficulté de continuer à assurer des missions avec l'incertitude de bénéficier du soutien du « système » en cas de coup dur. Et l'expérience le prouve. Ainsi, en mai 2015, sur la voie d'accès au port de Calais, un fonctionnaire de police a donné des coups de pied à un migrant et, sur la foi d'un document vidéo, le procureur de la République a engagé des poursuites. Adressées au procureur par une association proche des mouvements libertaires, ces images ont fait l'objet d'un montage évitant soigneusement de montrer les agressions extrêmement violentes contre les policiers qui avaient été commises quelques secondes auparavant. Sur la seule base de la vidéo, le parquet a poursuivi le fonctionnaire et requis cinq mois de prison. Le tribunal, ayant bien analysé la supercherie, l'a finalement relaxé. Mais les Français doivent prendre conscience que trop souvent les forces de l'ordre ne sont pas soutenues, et parfois sont mises en difficulté par ceux qui devraient les défendre.

7

Deux mots importants

Il y a urgence à mettre en œuvre une vraie politique de traitement de la population d'origine étrangère dans notre pays. Une nécessité « criante » – ce mot est important. Elle passe par la rapidité de la prise en compte des situations anciennes et davantage de contrôles sur la régularité de la présence de beaucoup de personnes étrangères. Elle suppose également une volonté de prendre des décisions administratives de sortie du territoire pour les clandestins et des sanctions exemplaires pour les employeurs de ces migrants. Cela sera humainement complexe, mais la situation actuelle exige que soit mise en œuvre une vraie solution. Le traitement indispensable de cette question sur notre territoire ne doit pas occulter celui des causes de l'immigration vers la France. Certes, la France a toujours été et restera par tradition une terre d'accueil, mais pour autant, il ne s'agit pas de laisser faire sans essayer de gérer ces flux continuels. Tout doit être mené de front avec une action diplomatique en direction des pays concernés.

Les clandestins ne peuvent pas rester en France, pour deux raisons. En premier lieu, parce qu'ils ont enfreint la loi pour entrer sur le territoire. Or, c'est ma conviction, il est impossible de construire un lien durable entre un individu et une société d'accueil sur le fondement du non-respect de la loi du pays dans lequel on veut vivre. Autrement dit, le premier acte d'un étranger voulant vivre en France ne peut pas être d'enfreindre la loi pour entrer sur notre sol. En outre la plupart d'entre eux savent que, sur le plan pénal, ils ne risquent rien. La seconde raison est qu'il est essentiel de maîtriser les entrées sur le territoire pour faire en sorte que ceux qui sont en règle soient correctement accompagnés et suivis dans leur insertion sociale.

Sur le plan matériel, il est vrai que cela présente des difficultés. Beaucoup d'unités de gendarmerie sont confrontées à des situations très compliquées à gérer. Un exemple récent. Un samedi matin d'automne, une patrouille d'une unité du sud de la France, à l'occasion d'un contrôle routier, constate que trois occupants d'un véhicule ne sont pas en mesure de justifier de leur identité et de leur droit au séjour dans notre pays. Interpellés, ils sont conduits dans les locaux de l'unité pour vérification. Ils ne parlent pas un mot de français et ne font évidemment aucun effort pour comprendre. Il s'agit de découvrir de quelle nationalité ils sont et d'établir leur identité. Tout un programme. Une mesure de retenue pour vérification du droit au séjour est prise à leur encontre. Elle peut durer seize heures au maximum. Là commence le parcours du combattant pour le gendarme avec la notification des droits. Ceux-ci sont au nombre de sept et doivent être signifiés par écrit : droit à l'assistance d'un interprète, à un avocat, à un médecin, droit de prévenir la famille à tout moment de la procédure (ou une personne de son choix), de prendre contact avec qui que ce soit pour assurer la prise en charge éventuelle d'enfants, de prévenir les autorités consulaires. Pour déclencher la procédure administrative il faut avoir un contact avec les services de la préfecture. En théorie, une permanence est assurée... Mais nous sommes en France. Le samedi et le dimanche ? La permanence n'est pas toujours... permanente. Ensuite, comme le repas de midi arrive, il faut organiser la surveillance et donner de quoi manger. Cela n'est pas toujours prévu et parfois ce sont les familles qui y pourvoient. Quand les retenus passent la nuit au sein de l'unité, il faut les surveiller constamment, ce qui mobilise du personnel.

Si le séjour irrégulier est confirmé, il y a un placement en garde à vue pour délit de séjour irrégulier. À ce moment commence la procédure judiciaire avec la consultation de tous les fichiers après les prises d'empreintes et les clichés photographiques. Une fois la procédure judiciaire clôturée, la préfecture doit prendre une décision pour traiter ces trois étrangers et elle peut avoir toutes les formes : rien du tout (retour dans la nature) ; obligation de quitter le territoire ; mise en demeure de quitter le territoire ; remise à la police de l'air et des frontières ; ou encore interdiction de territoire ou assignation à résidence.

Pendant tout ce temps-là, les gendarmes sont devant leur ordinateur pour taper la procédure en essayant de ne rien oublier et ne sont pas sur le terrain. Quand les étrangers sont retors, ils sont capables de profiter du système en racontant qu'ils ont été maltraités (par les autorités), par exemple en demandant un médecin, et là, c'est l'enfer qui commence pour les enquêteurs.

Depuis novembre 2016, lorsque les étrangers en situation irrégulière assignés à résidence ne viennent pas pointer à la brigade, le préfet peut requérir la gendarmerie pour escorter la personne au consulat, voire l'interpeller à son domicile pour le conduire dans un centre de rétention. Cela mobilise deux ou trois gendarmes souvent pendant une journée et pendant ce temps-là ils ne font pas leur « vrai métier ». Du coup, certains gendarmes ne cherchent pas particulièrement les étrangers en situation irrégulière... Comment ne pas les comprendre ?

Dans ce cas particulier, ces trois étrangers ont été assignés à résidence et quelques jours après ils ne venaient plus pointer à la brigade de gendarmerie et sont aujourd'hui à nouveau dans la nature jusqu'au prochain épisode qui se terminera de la même manière. Les mêmes causes produisent toujours les mêmes effets. *Bis repetita...*

Dans ces conditions, ne soyons pas étonnés que le nombre d'illégaux grossisse dans notre pays. Les garanties qu'on offre à ces étrangers qui ont enfreint la loi en pénétrant frauduleusement sur notre territoire ne sont pas toutes absolument nécessaires. Elles sont coûteuses en temps, en argent et en énergie pour les forces de sécurité. Elles sont d'une efficacité redoutable... pour leur permettre de continuer à séjourner illégalement sur le sol français. Il faut n'avoir aucun sens des réalités et ne rien connaître du terrain et des difficultés qui se présentent aux praticiens pour organiser de telles usines à gaz. Le juridisme français poussé à l'extrême paralyse les services de l'État et les forces de l'ordre.

Lutter contre l'immigration sauvage n'est pas qu'une question de frontières. Ce débat resurgit avec les échéances électorales, et parfois j'entends des propositions de mesures qui visent à « fermer nos frontières » pour des raisons diverses. Il y a même eu une période où le gouvernement a annoncé le rétablissement du contrôle des frontières. Tout cela n'a aucune réalité concrète et relève d'un effet d'annonce. Dans l'espace Schengen, les frontières n'existent plus. Enfin, il est aujourd'hui absolument impossible de contrôler matériellement la totalité des points d'entrée sur notre territoire par voies aérienne, maritime ou terrestre. Ceux qui prétendent le contraire sont soit des menteurs, soit des incompétents.

La seule manière de contrôler les flux passe par une politique biométrique ambitieuse. Chaque entrant ou sortant du territoire doit être biométriquement enregistré, comme cela se fait aux États-Unis et dans d'autres pays comme Israël. Lorsqu'on proclame que l'on est en guerre il faut prendre les moyens de contrôler au mieux la situation à l'entrée, à la sortie du pays et à tout moment dans n'importe quel point du territoire.

De la même manière, il faut sans tarder doter chaque Français ou résident de documents biométriques qui feront disparaître toutes les fraudes et les fausses identités qui en France sont estimées à trois cent mille. Voilà qui représente un coût financier très important, certes, mais une telle mesure permettrait d'améliorer la situation en termes de sécurité nationale et d'immigration clandestine.

Malgré un constat plutôt mitigé sur la manière dont nous avons jusqu'ici géré la question de l'immigration, il est absolument capital de concevoir et de mettre en œuvre une politique logique. Pas dans l'émotion, pas dans l'idéologie, mais de manière pragmatique à partir des services chargés de cette question et des associations qui connaissent parfaitement la situation sur le terrain. Cela demande la mise en cohérence de l'action de l'Administration. Les services existent, il suffit de les rassembler sous l'autorité d'un seul responsable. Son rôle ne serait pas de stigmatiser, d'expulser, de déstabiliser des familles, mais au contraire de traiter les migrants dignement mais fermement, et de coordonner l'action de l'État et des intervenants divers (associations). Un tel instrument, global et porteur d'une politique résolue, nous manque cruellement.

Naturellement, la direction générale des étrangers en France, rattachée au ministère de l'Intérieur, devrait avoir cette vocation, mais elle est surtout devenue une direction qui réglemente, souvent dans le sens de la complexité, et qui n'apporte pas toujours de solution concrète aux situations du terrain. Elle est devenue davantage un outil de pression et de statistiques qu'un organe de coordination. En outre, sa place n'est pas au ministère de l'Intérieur, compte tenu de l'envergure du sujet et des enjeux.

Les outils existent donc, mais ils ne sont pas pilotés, valorisés et coordonnés avec tous les acteurs publics ou bénévoles qui quotidiennement dépensent une énergie considérable pour compenser l'absence d'une ligne politique sérieuse. Notre pays a besoin d'une mission interministérielle chargée des questions migratoires, directement rattachée au Premier ministre. Elle doit avoir un caractère opérationnel en associant les représentants des acteurs de terrain qui ont une connaissance réelle, et inclure des représentants des ministères concernés (Intérieur, Ville, Logement notamment) ainsi que des représentants de la justice. Ce caractère pluridisciplinaire, qui fait tant défaut dans la vie administrative, est une garantie de cohérence, de partage des informations et de validité des choix opérés. Le fait d'être rattachée à Matignon permettra d'obtenir des arbitrages conformes à la politique souhaitée au sommet de l'État. Cette mission doit concentrer l'ensemble de la gestion de la politique migratoire dans toutes ses composantes. De l'accueil des réfugiés au traitement des clandestins, en passant par le séjour des étudiants étrangers dans notre pays. Et certains aspects de la gestion des migrants ne sont pas très flatteurs lorsqu'on y regarde de plus près.

C'est le cas de l'hébergement d'urgence des migrants et des demandeurs d'asile. En décembre 2013, Erwan Le Méner, de l'Observatoire du Samu social de Paris, publiait un article dans la revue *Politiques sociales et familiales*, « L'hôtellerie sociale, un nouveau marché de la misère ». Il y faisait une description peu flatteuse pour l'État : « L'hébergement en hôtel par les pouvoirs publics de familles sans logement, immigrées pour la plupart, concerne des effectifs de plus en plus importants. Il représente pour les hôteliers et les intermédiaires un marché florissant, de plus de 100 millions d'euros en Île-de-France. » Le Méner précisait dans son propos que cela représente plus de 600 hôtels rien que pour la ville de Paris.

Aujourd'hui, en 2017, plus de 80 000 personnes sont prises en charge et logées en Île-de-France, dont plus de 60 % d'origine étrangère. Pour faire face à cette situation, plus de 1 700 hôtels se sont transformés en habitat social d'urgence. Hormis la ville de Paris, beaucoup de ces hôtels sont concentrés en Seine-Saint-Denis et dans le Val-de-Marne, notamment, et leur fréquentation avec une population de passage, peu éduquée et d'origine étrangère pose problème pour les quartiers voisins et pour le tissu urbain. D'où : situations humaines très douloureuses et coût exorbitant pour la collectivité. En un mot, le laisser-faire génère une tension de plus en plus palpable dans notre société et conduit invariablement à la radicalisation des comportements. Sur ce sujet, il est urgent de réagir pour mettre un terme à la dégradation des conditions d'accueil. Le premier président de la Cour des comptes considère que la politique de l'asile est mal « maîtrisée » : il s'inquiète de voir la majorité des déboutés rester en France et les coûts augmenter, dans un rapport publié le mardi 20 octobre 2015, « L'accueil et l'hébergement des demandeurs d'asile », une preuve supplémentaire de cet état de fait. Cette situation est « indigne » de notre démocratie. Voilà le deuxième mot important.

8

L'islam

À propos de mots importants, il y en a un qui est omniprésent, qui parsème toutes les conversations, qui jonche tous les reportages, qui préoccupe tous les Français : islam. L'islam est-il compatible avec la République française ?

Il y a quelques mois, en déplacement dans une commune du nord de la France pour débattre des sujets évoqués dans mon premier livre, j'ai été interrogé devant une assemblée de 150 personnes sur les raisons pour lesquelles je ne voulais pas dire que tous nos problèmes proviennent de l'incompatibilité de l'islam avec nos propres valeurs. Ma réponse a été claire : une fois de plus, nous rejoignons là cette habitude trop répandue de faire reposer la responsabilité de nos maux sur les autres. C'est pas moi, c'est lui !

Je ne crois pas à cette théorie de la responsabilité de la religion musulmane dans toutes les difficultés que nous connaissons depuis plusieurs dizaines d'années. Elle est ridicule. À mon sens, il n'y a pas d'incompatibilité de fond entre la démocratie et l'islam considéré comme une religion. En revanche, l'interprétation du Coran et la conception de l'islam portées par les djihadistes ou les salafistes comme vision politique et modèle de société se situent aux antipodes de la démocratie et nous devons nous y opposer par tous les moyens. L'islam, à la base, est aussi une religion de la tolérance. À ceux qui prennent en référence certaines sourates du Coran un peu violentes, il est utile de rappeler que nombre de textes de l'Ancien Testament ne le sont pas moins. Et, surtout, que la grande majorité des musulmans souhaite vivre en paix comme tous nos compatriotes.

Seule une minorité nous a déclaré la guerre, soutenue en cela par des puissances étrangères, en particulier des organisations terroristes qui s'érigent en califat. Notre devoir est de traiter cette menace avec le plus grand sérieux puisqu'elle a déjà coûté à notre pays des centaines de morts et de blessés. De ce point de vue l'action de nos armées en Afrique et au Moyen-Orient contre la source du terrorisme est salutaire. Mais je ne partage pas la position des responsables politiques qui souhaitent empêcher les candidats au djihad de partir en Syrie ou ailleurs. Hormis pour les mineurs, notre énergie ne doit pas être dépensée pour des individus marginalisés qui ont fait le choix de partir. En revanche, le message à leur adresser doit être précis. S'ils quittent notre territoire dans ce but, ils perdront automatiquement la nationalité française et puisqu'ils se sont engagés dans une guerre contre notre nation, *il faut les empêcher par tous les moyens de revenir en France.*

Voilà la seule réponse adaptée à la guerre qui nous a été déclarée. Notre rôle est de détruire toutes les organisations qui ont annoncé et entamé la lutte contre la démocratie. Notre devoir est de neutraliser tous ceux qui ont décidé de prendre part à ce combat contre les principes et les valeurs que nous défendons. Nous n'avons aucune alternative.

Quant à ceux qui restent sur le territoire et qui ont adopté un comportement incompatible avec les lois de notre pays, il faut les traiter judiciairement comme n'importe quel autre citoyen. Pour les irréductibles qui prônent et pratiquent la haine sur un fondement religieux, s'ils sont de nationalité française, il est nécessaire de les confier à des structures sérieuses susceptibles de leur faire abandonner un tel mode de pensée. S'ils ont été condamnés au titre de la loi pour des infractions à caractère terroriste, et qu'ils jouissent d'une double nationalité, il est impératif de les priver de la nationalité française et de les reconduire vers le pays dont ils sont les ressortissants.

À ce sujet, je voudrais revenir sur un cas que j'ai évoqué dans mon premier ouvrage. Il s'agit d'un ressortissant algérien condamné par deux fois à une peine d'emprisonnement pour participation à une entreprise terroriste. Cet individu extrêmement dangereux, déchu de sa nationalité française en 2006, a fait l'objet d'un arrêté d'expulsion en 2007 qui n'a jamais été exécuté, à la suite d'une recommandation de la Cour européenne des droits de l'homme (CEDH) invoquant des « risques de traitements inhumains et dégradants » en Algérie, son pays d'origine.

Cet individu est encore aujourd'hui sur le territoire français dans une prison bretonne. Qu'adviendra-t-il en fin de peine ? Ma conviction est qu'il est dans l'intérêt de notre pays de l'expulser quelle que soit la position de la CEDH. Dehors, l'ennemi !

Cette question a fait l'objet d'un débat avec Nicolas Poincaré au Club de la presse d'Europe 1 en avril 2016. Interrogé par Serge July et Olivier Duhamel sur ce point particulier, j'ai expliqué ma position. J'ai précisé qu'il est absolument capital pour l'État français d'assurer la protection de la population, et la présence d'individus de cet acabit sur notre territoire est un véritable défi au bon sens. Avec des fanatiques de cette espèce, il n'existe aucune rédemption possible et personne n'a le droit de faire courir un tel risque de mort à nos compatriotes.

Alors se pose la question des risques encourus par la personne expulsée. Il est évident qu'il n'est pas possible de la reconduire sans avoir de garanties de l'État qui la reçoit. Mais il s'agit dès lors d'un problème diplomatique et d'une négociation d'État à État. Il me semble que la France, compte tenu de ses relations historiques avec l'Algérie, peut obtenir un minimum de garanties pour que la personne expulsée soit traitée conformément aux droits de l'homme. Cela serait faire injure à un pays avec lequel nous avons des relations privilégiées que d'imaginer le pire. La France est le premier partenaire économique de l'Algérie. Rappelons également qu'Alger a ouvert son espace aérien aux avions français en 2013 au moment de l'intervention au Sahel, en offrant un appui en termes de renseignement et de ravitaillement en carburant.

Notre pays doit se donner les moyens d'expulser les condamnés pour terrorisme à l'issue de leur peine en négociant avec les pays d'origine. Encore faut-il que ces questions soient traitées bien en amont avec les gouvernements concernés, et que ces mesures soient largement anticipées afin de ne pas agir dans l'urgence.

Pour connaître parfaitement le fonctionnement de notre Administration, je sais que le suivi de ces condamnés, de leur date de sortie et des questions administratives les concernant n'a pas toujours été assuré de manière rigoureuse. Mais, de ce point de vue, la nouvelle dimension donnée au service de renseignement pénitentiaire est une très sérieuse plus-value.

Il faut également dire deux mots sur le phénomène de radicalisation en milieu carcéral, ce fléau. L'activisme de l'islam radical en prison est impressionnant. L'oisiveté et le désir de revanche de ces jeunes incarcérés les poussent vers le djihad, qui leur offre une cause leur permettant à la fois de s'évader par l'imagination et de nourrir des projets pour la sortie. Ce sont des perspectives qui s'ouvrent à eux et qui les aident à construire leur drôle de futur. L'administration pénitentiaire est totalement impuissante devant ce phénomène. Il est capital de ne pas conserver sur notre territoire des condamnés étrangers en fin de peine ayant commis des faits graves de terrorisme.

Cette approche des choses est plutôt tranchée et je comprends qu'elle puisse susciter des réactions. Mais mon expérience de la sécurité m'a conduit à cette position qui n'est pas une vue de l'esprit. Elle est totalement respectueuse des droits de l'homme et parfaitement fondée en droit. Certes, elle est ferme, mais elle a une qualité essentielle : la clarté pour ceux qui s'engagent dans une voie déviante et dangereuse pour notre communauté nationale. La clarté, suivie de l'application systématique de ce qui est annoncé, a des vertus pédagogiques que beaucoup semblent avoir oubliées.

Nous ne résoudrons pas les difficultés actuelles avec de l'angélisme et des bonnes intentions. Ce temps-là est révolu et, pour éviter les extrêmes et les dérives violentes d'une partie des Français, qui ne supportent plus le laisser-aller, il est temps pour l'État de donner des messages qui ne souffrent aucune ambiguïté. Ces messages sont ceux de la défense de notre patrimoine national, de la vie en harmonie et de la mise à l'écart des individus qui ne souhaitent pas partager pacifiquement notre projet de société.

Mais encore une fois, luttons contre les amalgames. Tous les Français de confession musulmane ne ressemblent pas à ces illuminés pratiquant les excès d'une religion qu'ils ne connaissent pas toujours. En revanche, cela impose aux membres de leur communauté de se déterminer et de prendre position. Jusqu'ici, les réactions des musulmans de France ont été discrètes. Elles doivent devenir publiques. Et clamer haut et fort la condamnation des actes terroristes. Certes, le 31 juillet 2016 a été publié l'appel de 41 médecins, chefs d'entreprise, ingénieurs, universitaires, avocats, cadres supérieurs, hommes et femmes, « Français et musulmans » qui se sont déclarés « prêts à assumer leurs responsabilités » dans la gestion d'un islam de France par une institution. En dehors de cela, et de quelques initiatives individuelles, le silence est la règle. Or, qui ne dit mot consent. Quelques imams ici ou là ont pris la parole, mais cela n'est pas suffisant. On peut aisément imaginer le malaise ressenti et comprendre une certaine discrétion, mais la dégradation de l'image de l'islam en France exige une prise de position publique. Elle manque. Mais j'ajoute un bémol. J'ai eu l'occasion d'évoquer cette question avec un ami proche, fils d'un ancien recteur de la mosquée de Paris. Auteur de plusieurs ouvrages et président de la Conférence mondiale des religions pour la paix, Ghaleb Bencheikh est un défenseur de la laïcité et un républicain engagé. Sa vision de l'islam et la lecture qu'il fait du Coran sont toujours marquées par une approche moderne et humaniste. Mais l'accès aux médias pour exprimer une analyse sur les événements ou les attentats n'est pas toujours aisé. Désireux de s'exprimer, il a dû finalement se tourner vers un média étranger pour prendre la parole à l'occasion des attentats du 13 novembre. C'est dire la complexité de la parole publique sur des sujets sensibles.

Mais il n'en demeure pas moins que pour éviter les amalgames et clarifier les choses, les Français attendent une condamnation de ces actes odieux. Son absence accentue le fossé avec les membres de la communauté musulmane et génère une incompréhension source de défiance et parfois de rejet.

Or l'acceptation de la différence et de la relation à l'autre ne peut résulter que d'une expérience personnelle et plus elle intervient tôt, moins les préjugés et les idées stéréotypées ont de prise. Pour la génération à laquelle j'appartiens, le racisme et la xénophobie n'avaient aucune réalité sociale durant notre jeunesse. Je le dis en toute modestie, car ayant grandi dans une région non concernée par les questions d'immigration et la présence de personnes d'origine étrangère, cette question m'avait concrètement échappé jusqu'à mes 17 ans. Elle m'a rattrapé lorsque j'ai entamé la préparation au concours de Saint-Cyr, au lycée militaire d'Aix-en-Provence, qui comptait un certain nombre d'élèves africains de Côte d'Ivoire, du Gabon ou du Burkina Faso – qui s'appelait encore la Haute-Volta. Il y en avait quatre dans la classe. Ce fut une très belle découverte. Leur capacité d'adaptation dans un environnement militaire avec des règles strictes très différentes des leurs a été étonnante, et notre aptitude à les accompagner sur ce chemin tout à fait déterminante. C'est à cette époque que j'ai compris et assimilé cette caractéristique essentielle de la culture africaine dans la conception du temps et de sa relativité. Ce qui m'a toujours fasciné est cette capacité de dérision qui rend les Africains fondamentalement joyeux et qui me rapproche d'eux. L'aspect religieux ne m'avait pas frappé à cette époque, mais, quelques années plus tard, je l'ai vécu de très près avec un officier originaire des Émirats et qui était mon binôme à l'école d'artillerie. Nous étions indissociables. Musulman pratiquant, il respectait la règle autant qu'il le pouvait et d'une manière compatible avec notre formation. C'était le seul officier célibataire qui habitait à l'extérieur de l'école et je me suis fréquemment rendu chez lui pour travailler et partager de bons moments. J'ai observé sa pratique et j'en garde des souvenirs de rupture du jeûne et de discussions sur la notion de stricte observance. Toutes les pratiques deviennent acceptables lorsqu'on partage un bout d'existence avec ceux qui ont une spiritualité différente. La question est : comment se comporter avec ceux qui ne veulent rien partager ?

Sur les musulmans de France, une question commence à se poser avec ceux qui sont arrivés ces vingt dernières années. Il n'y a pas eu de contrat social entre eux et la société française. Un contrat crée des obligations pour chacun. Dans ces obligations figurent les questions de comportement et particulièrement celle des habitudes vestimentaires. Ne focalisons pas sur des questions de détail et sur les provocations du type burkini. C'est avant tout l'illustration du caractère provocateur de certaines franges de la population.

Il n'y a pas, sur le burkini, de sujet de fond, car il y a deux ans personne n'en avait jamais entendu parler et la question ne se posait pas. Il s'agit essentiellement d'une manière de valoriser la filière de la mode musulmane. C'est avant tout une question de business et l'agitation autour de l'affaire corse et des arrêtés pris par certaines communes est une publicité gratuite qui doit faire la joie des fabricants de ces vêtements. L'exploitation médiatique et la provocation de certaines jeunes femmes en mal d'identité ou en quête de reconnaissance ont donné à ce microsujet un retentissement démesuré.

Mais en dehors de la plage, la question vestimentaire pose problème. La volonté de vivre en harmonie dans une société impose que les standards habituels soient respectés. Autant un foulard ne pose pas de véritable difficulté – nos aïeules et nos trisaïeules n'en portaient-elles pas ? –, autant il n'est pas possible que sur la voie publique des tenues d'une autre époque et de la tradition d'autres pays deviennent la règle en France. Osons le dire, même si la vérité choque les intellectuels qui n'ont jamais traversé un quartier de Seine-Saint-Denis. Dans certaines banlieues de grandes villes – Paris, Lyon, Marseille, Lille par exemple –, lorsque vous déambulez dans les rues vous n'avez pas l'impression d'être en France et cela crée un malaise. En dehors de toute question idéologique, est-il normal que l'on puisse avoir ce sentiment mêlé parfois de crainte sur le territoire de la République française ? La réponse est non. Cette affirmation n'enlève rien au respect que l'on doit à cette population bigarrée qui fait aussi la richesse de la France.

Je suis également extrêmement choqué lorsque j'entends des responsables d'organismes sociaux qui signalent l'existence de foyers polygames dans lesquels plusieurs épouses et des dizaines d'enfants bénéficient de tout notre système de protection sociale. La loi n'est pas respectée et ceux qui la bafouent ne sont pas inquiétés. Ils perpétuent un modèle contraire aux standards de notre société sans qu'il y ait de réaction. Il faut que les hommes politiques entendent ce message et le prennent en compte pour apporter des réponses concrètes afin de sortir de l'ambiguïté. La liberté individuelle doit s'inscrire dans les limites qu'imposent nos valeurs et nos traditions. La diversité est incontestablement une richesse, sauf si elle en arrive à étouffer notre identité historique et nationale. Ce sont ces limites qui n'ont jamais été claires, faute de courage chez nos responsables. À laisser faire les choses, en excusant tous les comportements parfois provocateurs, les limites de l'acceptable reculent. Il est grand temps de réagir. Mais n'attendons pas tout de la classe politique qui pour des raisons d'image, de stratégies personnelles ou de logique de partis ne bougera jamais. Le politique, ici, est impuissant : le sujet est trop brûlant. Malheureusement, quand le sujet est brûlant, l'incendie n'est pas loin.

9

De la mesure

Qu'il s'agisse de l'islam, des banlieues, d'ordre public, d'immigration ou d'impôts, tout est dans la mesure. Réguler permet avant tout de préserver de manière durable les équilibres dans une société soumise à de très fortes tensions internes et externes. Cette régulation concerne tous les domaines. En premier lieu, la vie sociale, mais également l'activité économique ainsi que les effets de l'appartenance de la France à divers ensembles politiques. C'est à l'aune de ce principe que toutes les décisions de l'État doivent être soupesées. Il vise à éviter les à-coups et nécessite une bonne connaissance de tous les mécanismes des affaires publiques. La régulation s'effectue grâce à des outils, dont la laïcité est l'un des plus importants.

La prudence doit conduire l'État à éviter à la fois l'interventionnisme permanent, le micromanagement et la partialité. Cela repose avant tout sur un processus de décision déconnecté de l'émotion, du calcul et des effets d'annonce. L'État doit également réguler le fonctionnement de son Administration, qui ne peut pas avoir un poids marqué par le truchement de l'activité syndicale. À cet égard, il est temps pour notre pays de cantonner chacun à la place qui est la sienne.

L'apport des syndicats est une plus-value incontestable pour le fonctionnement social, notamment à l'intérieur des entreprises. Il est capital de conserver cet acquis. En revanche, l'omniprésence des représentations syndicales dans la vie de notre pays constitue depuis plus d'une trentaine d'années un facteur de déstabilisation sociale. Aujourd'hui, l'exécutif considère l'appareil syndical (les « partenaires sociaux », dit-on) comme un acteur de la vie politique. C'est un contresens magistral.

Les syndicats sont avant tout des acteurs de la vie de l'entreprise. En revanche, ils ne peuvent raisonnablement pas être des acteurs reconnus de la vie politique de notre pays tant leurs objectifs sont avant tout de nature corporatiste. Leur consultation pour des projets d'envergure qui concernent les grands équilibres sociaux se pose. La question du paritarisme né d'une conception datant de la fin de la Seconde Guerre mondiale ne remet pas en cause l'existence des syndicats et leur utilité. Mais la mise en perspective du financement public des organisations syndicales est incontournable. La citadelle est considérée comme inexpugnable : cela mine notre démocratie.

Dans un pays comme la France, il n'est pas possible de se résigner à accepter des situations « définitivement acquises », alors que la majorité en constate la nocivité. La responsabilité de l'État est d'assurer un équilibre social grâce à des partenaires participant du même élan tendu vers l'intérêt du plus grand nombre. C'est évident. Et pourtant, cette évidence est aujourd'hui mal perçue.

La régulation sociale doit s'accompagner d'une régulation économique sans laquelle elle n'aurait aucun sens. Celle-ci doit être organisée en distinguant bien l'État acteur économique et l'État acteur social. Cette confusion entre les deux rôles a mené notre pays, depuis la reconstruction d'après-guerre, dans une impasse. Comment l'État pourrait-il avoir un rôle modérateur alors même qu'il intervient directement dans les décisions stratégiques de certaines grandes entreprises en qualité d'actionnaire (parfois majoritaire) ? On ne peut pas à la fois être juge et partie, joueur et arbitre, spectateur et metteur en scène. Nous avons le résultat de cette gestion déplorable avec des exemples précis : Areva, qui a perdu pendant plusieurs années jusqu'à 5 milliards et, en 2015, 2 milliards d'euros ; Alstom, dont le site de Belfort a fait l'actualité à la fin de l'année 2016.

Deux principes manquent singulièrement pour assurer cette régulation.

Tout d'abord, une politique contre les inégalités. C'est un pan clairement abandonné au secteur associatif, et ce choix n'est pas forcément une erreur à condition que l'État assume sa part en termes d'objectifs, de coordination et de mise en cohérence. Développer un système d'avantages fiscaux pour favoriser les dons et faire reposer tous les efforts sur des bénévoles n'est pas suffisant. Il y a là non seulement une conception déficiente du rôle de l'État, mais surtout un sérieux contresens sur la notion de justice sociale. L'État est le garant de cette régulation et elle n'est pas correctement assurée.

Le second principe est le respect des règles communes, dont la transgression est une habitude trop facilement acceptée. Il favorise l'émergence d'une société plus juste et plus équilibrée. Il doit être une priorité constante de l'État, afin que notamment les aides aillent à ceux qui en ont besoin. Il y a donc une nécessité de durcissement de l'application de la loi à l'endroit des fraudeurs. Avec des peines condamnant à des interdictions d'aides et à des obligations de participation à des actions de solidarité.

Une grande partie des montants financiers issus de la lutte contre la fraude doit être destinée à la lutte contre les inégalités pilotée par l'État grâce au réseau associatif qui sera conforté et désormais soutenu par la puissance publique. L'idée n'est pas utopique. Elle est parfaitement réalisable. Une autre partie de ces montants présente la possibilité de compléter les budgets des ministères régaliens, notamment la justice et la sécurité. La généralisation de l'attribution de 80 % du produit des saisies aux administrations qui en sont à l'origine constitue un intéressement cohérent et indispensable. Cet intéressement existe à titre individuel pour les fonctionnaires de Bercy – en particulier les douaniers – et la représentation nationale est très hésitante sur un intéressement collectif bien plus légitime. Cela faisait partie des propositions que j'avais communiquées personnellement au président de la commission des lois avant même de prendre mes fonctions de directeur des opérations et de l'emploi en 2012. Sans grand succès.

Les résultats de la lutte contre la fraude devraient permettre de remettre à l'équilibre un certain nombre de caisses et de régimes déficitaires et, à terme, de faire en sorte d'alléger les charges supportées par les salariés, l'entreprise et l'État.

Il est donc largement temps de mettre sur pied une agence nationale contre la fraude, armée en personnels par les forces régaliennes de l'État, appuyés par des fonctionnaires des services concernés (Urssaf, Cnam, Pôle emploi, Unédic, Bercy). La lutte contre la fraude est une cause nationale. Ou, si elle ne l'est pas encore, elle devrait l'être.

En premier lieu, il y a une guerre à mener contre la fraude fiscale. Personne ne peut raisonnablement contester le principe de la contribution individuelle aux dépenses collectives. Sa conception et sa mise en œuvre, cependant, participent au rejet de cet effort nécessaire et favorisent la fuite à l'étranger ainsi que tous les comportements frauduleux.

Sur ce thème, deux dimensions particulières sont importantes. Les impôts représentent le symbole de la puissance de l'État qui s'exerce sur la vie et le produit du travail de chacun. Cette puissance s'exprime souvent sous des formes contraignantes difficilement supportables dans un pays soucieux des libertés. L'administration fiscale porte une certaine responsabilité dans l'incompréhension et la dégradation des relations entre les citoyens et l'État. L'impôt, pour beaucoup, c'est l'ennemi. Dans notre pays, moins de 50 % des Français paient des impôts sur le revenu. Cela n'est pas durablement acceptable. Il est important, pour donner à chacun le sentiment d'appartenir à une communauté de destins, d'y contribuer en fonction de sa situation. Il est donc urgent de remettre notre système fiscal en perspective afin de lutter contre les fraudes mais aussi de combattre ce sentiment légitimement ancré que seule la classe moyenne supporte les efforts. Il s'agit de rétablir la réalité du principe selon lequel, pour profiter du dispositif collectif, chacun, sans exception, doit y contribuer. À chacun selon ses moyens… Naturellement, cette réforme doit être mise en œuvre avec mesure et pragmatisme, mais il me semble fondamental que le paiement, même symbolique, de l'impôt sur le revenu redevienne la règle. C'est aussi une manière de remettre en valeur le sens de la responsabilité individuelle, car la participation financière modifie le regard sur les choses et parfois le comportement.

Ensuite, les clés de répartition selon les niveaux de revenus méritent d'être examinées mais l'application du principe est indispensable. Sans pour autant surcharger la réforme nécessaire de lois, de règlements, de paperasse.

Oui, ce sont les lois et les règlements qui assurent le fondement de l'action de l'État pour permettre les équilibres et le bon fonctionnement de la vie du pays.

Or, de nombreux spécialistes déplorent le foisonnement de circulaires qui s'empilent et font obstacle à la simplicité et au bon sens. Un exemple : le Code du travail. C'est une jungle. Il y a tout et son contraire, là-dedans. Qui peut s'y repérer ? Les spécialistes les plus pointus y perdent leur latin…

Autre exemple : l'état d'urgence. Comme son nom l'indique, l'état d'urgence est un état distinct de la période dite « normale », même si la posture de vigilance induite par Vigipirate nous avait depuis de nombreuses années fait abandonner une certaine insouciance au regard des questions de sécurité. L'état d'urgence n'est pas appelé à durer. En principe. Pourtant prolongé à quatre reprises pour des motifs que le Conseil d'État n'a pas regardés de trop près, il a contraint la France à se mettre en congé de la convention européenne des Droits de l'homme. Situation bancale. Certes, l'état d'urgence a permis de donner des pouvoirs supplémentaires aux forces de sécurité sous couvert de l'autorité administrative. Mais finalement, hormis l'effet d'annonce des perquisitions administratives, dont le bilan est très relatif – avec des saisies d'armes et de documents limitées –, et le déploiement des armées sur la voie publique, *rien de significatif n'a changé*.

L'état d'urgence n'empêchera jamais les attentats et les actions déjouées ces derniers mois par les services spécialisés ne lui doivent rien. Son prolongement jusqu'à l'été 2017 repose uniquement sur l'incapacité à gérer politiquement la levée de l'état d'urgence si d'aventure un attentat se produisait après. Cette posture qui relève de la tétanie et d'une absence de vision et de courage donne la mesure du manque de stature des responsables politiques. La situation de notre pays et le caractère éphémère de l'état d'urgence auraient dû inciter le gouvernement à faire évoluer la législation du « temps normal » pour donner aux services et aux forces de sécurité des moyens juridiques supplémentaires. Même si des mesures ont été annoncées, rien de tout cela n'a eu lieu, tant les pressions de ceux qui sont hantés par le risque de l'arbitraire ont paralysé toute initiative en ce sens. Cet immobilisme coupable sera un jour lourd de conséquences. Il en va de même pour les relations de l'État et de la religion. On pensait la question réglée depuis un siècle. Eh bien non. Elle est remise en question.

La politique menace la laïcité. Dès que la classe politique s'empare de certains thèmes, ils deviennent suspects et prétextes à des batailles idéologiques stériles. La laïcité est devenue un enjeu, parfois une arme. Ferdinand Buisson, qui a porté la loi de la séparation de l'Église et de l'État du 9 décembre 1905, serait atterré des développements successifs. Le législateur a eu la sagesse de faire en sorte que la religion et les affaires publiques soient bien différenciées. Bien lui en a pris. Nous avons vécu près d'un siècle sans que cette question pose de problème majeur dans la vie du pays.

Ce qui, dans l'esprit des initiateurs de ce principe, devait clarifier les choses et permettre à chacun de rester dans son périmètre devient aujourd'hui un sujet de discorde. Les débats récents confirment cette évolution et beaucoup de commentaires dans les médias sur la religion et la laïcité sont ahurissants. Dans l'absolu, cela n'est pas fondamental mais finit par imprégner l'opinion publique d'idées fausses. Le climat général en pâtit. Ainsi, un journaliste sur une radio très écoutée au cours d'un débat sur la présidentielle assène la vérité suivante : « Nous sommes dans un pays laïc. » Affirmation totalement dépourvue de sens. Elle est pourtant véhiculée dans des clips produits par les services du gouvernement. Elle est dangereuse. Pourquoi ? Parce qu'il s'agit d'une déformation d'un principe énoncé dans l'article premier de la Constitution qui stipule : « La France est une République indivisible, laïque, démocratique et sociale. » C'est la république qui est laïque, c'est-à-dire le régime politique, sinon la phrase suivante du même article n'aurait aucun sens : « Elle respecte toutes les croyances. »

Notre pays a des racines influencées par la religion et a connu des épisodes fortement marqués par des affrontements religieux. Il est aujourd'hui traversé par diverses influences, notamment celle de l'islam. Ainsi cohabitent toutes les religions ainsi que des athées et des agnostiques. La laïcité existe précisément pour permettre à tous les Français, quelles que soient leurs convictions, de vivre ensemble. La religion est donc totalement exclue du fonctionnement de notre régime politique, mais elle est bien présente dans la vie de notre pays. Dire que ce dernier est laïc peut laisser croire que les religions n'ont pas droit de cité voire qu'elles pourraient constituer un danger. Cela serait le cas si elles ne se cantonnaient pas à leur périmètre, c'est-à-dire celui de la conscience individuelle. Mais elles peuvent être un danger si leurs messages portent atteinte aux lois de la République.

C'était l'objectif des rédacteurs de la loi de séparation de l'Église et de l'État de faire en sorte que la religion relève de la sphère privée, afin que tout l'espace public soit marqué par la neutralité. Or, concrètement depuis quelques années, resurgit cette question de la place de la religion dans l'espace public. Cela se traduit notamment sous la forme de signes religieux extérieurs, en particulier sur le plan vestimentaire. Que cela soit le fait de religieux, de pasteurs, d'imams, de rabbins, de prêtres, rien de plus naturel. Mais une partie de ces comportements qui concernent essentiellement la religion musulmane relèvent plutôt d'une provocation. L'étape suivante a déjà commencé, avec les revendications identitaires concernant les fêtes et autres menus des cantines scolaires, les créneaux horaires dans les piscines municipales pour les femmes et le refus dans des établissements de santé d'être examiné par tel ou tel médecin pour des raisons qui sont irrecevables dans une démocratie.

Ces atteintes quotidiennes à la laïcité et ces dérives nous arrivent de l'extérieur et d'une religion qui n'a pas de fondement historique dans notre pays. Au nom d'une certaine conception de la tolérance mâtinée d'un léger sentiment de culpabilité envers la religion dominante de nos anciennes colonies, nous avons foulé aux pieds les principes avec lesquels nous avons vécu paisiblement pendant un siècle. Aurions-nous perdu tout bon sens ?

La laïcité est un de nos principes les plus précieux, car il protège le fonctionnement de la sphère publique de toute approche religieuse. C'est d'autant plus important que certaines religions comme l'islam peuvent être aussi un mode de vie et un modèle de société. Or, en France, nous avons laissé progresser l'idée que l'affirmation religieuse ou identitaire dans l'espace public peut être tolérée sous certaines formes. Cette position est extrêmement dangereuse. Elle ouvre la porte à toutes formes de manifestations extérieures.

Ainsi, pour ce qui concerne les femmes musulmanes qui adoptent des tenues typiques d'une autre culture, outre la connotation religieuse, elles véhiculent ainsi une conception du statut de la femme qui est contraire aux principes fondamentaux de notre démocratie. Outre l'aspect militant et parfois provocateur de ces habitudes vestimentaires, c'est l'image de la femme qui est largement entamée.

L'équilibre et la mesure en cette matière demeureront toujours difficiles à atteindre. Nous sommes dans un domaine irrationnel qu'il faut traiter avec rationalité. Mission impossible ? Peut-être. Mais est-ce une raison pour ne rien dire et laisser faire ? Cette question qui tétanise tous nos responsables et mobilise de manière imbécile tous les partisans de la liberté individuelle à tous crins pose la question de fond suivante : quelles sont les limites au comportement individuel au regard des intérêts d'une société tout entière et de son harmonie ?

Incontestablement, ces limites existent. Il s'agit de les définir intelligemment, d'en faire comprendre l'esprit et de les appliquer avec mesure et discernement. Je le dis d'autant plus librement que les services de sécurité spécialisés ont la preuve aujourd'hui que certaines jeunes femmes sont rétribuées sous des formes diverses pour porter des vêtements à caractère identitaire.

Défendre la laïcité, c'est aussi réagir avec célérité et fermeté lorsque certains responsables religieux, s'exprimant parfois dans une langue qui n'est pas la nôtre, prônent publiquement la haine et la violence sur notre territoire. Certes, des décisions administratives ont été prises à partir de la déclaration de l'état d'urgence, mais pourquoi ne l'a-t-on pas fait avant ? Parce que nos élites sont sans réaction depuis longtemps et qu'aucune directive précise n'a été donnée à nos services qui ne cessent de mettre en garde depuis des années. Je peux en témoigner, je l'ai vécu en direct dans mes fonctions.

Tous les responsables musulmans sérieux déplorent cette situation, car elle nuit à l'image de l'islam et à celle de la communauté musulmane pratiquante et pacifique. Mais les représentants des musulmans français ne sont pas toujours réactifs. Cela n'est un secret pour personne, la manière dont a été construit le Conseil français du culte musulman (CFCM) pose depuis sa création un problème de légitimité et de crédibilité. Or, il existe en France des intellectuels musulmans, imams ou pas, qui sont en capacité d'imaginer une représentation équilibrée et de repenser à la fois le lien avec l'État et les grands principes de l'exercice du culte musulman dans notre pays.

Cette réflexion de fond est absolument nécessaire et il devient urgent d'organiser les Assises de l'islam en France. De ce point de vue, la mise sur pied de la Fondation pour l'islam de France, dont la présidence est confiée à Jean-Pierre Chevènement, ne répond pas à cette problématique. Elle correspond au toilettage d'une fondation préexistant depuis 2005 qui n'a jamais fonctionné à cause de dissensions internes. Elle vise essentiellement le financement de la construction des mosquées, ce qui finalement est une approche partielle et incomplète du sujet. Cette initiative relève, comme à l'accoutumée, de la réaction aux événements (14 juillet à Nice) afin de démontrer à l'opinion publique que des mesures sont prises. Encore faut-il qu'elles soient pertinentes et effectives. Ce qui, en l'occurrence, n'est pas le cas.

Pourtant, une des premières mesures qui paraît incontournable consiste à rendre obligatoires les prêches dans les mosquées en *langue française*. Historiquement, notre pays s'est construit en promouvant la pratique du français et en luttant contre celle des langues régionales. Constitutionnellement, le français est la langue officielle. Elle doit l'être également dans les mosquées, et cela n'est que l'expression du respect que l'on doit avoir pour le pays d'accueil qui accepte toutes les pratiques religieuses.

Notre société est traversée par différentes cultures, c'est un fait incontestable, mais cette situation mérite certaines clarifications. La diversité doit être un enrichissement collectif, pas un risque de perte de repères. Nous avons la responsabilité de préserver ce que nous ont laissé les générations précédentes, parfois au prix de sacrifices, afin de transmettre à notre tour ce patrimoine qui fait l'identité de la France. La laïcité est de ce point de vue un formidable levier dont nous devons sauvegarder les fondements. Elle est destinée à préserver la neutralité et l'harmonie dans la vie publique. Or par faiblesse, négligence et parfois vision à très court terme, le concept de laïcité est malmené et détourné de ses objectifs premiers. Dès lors, c'est l'équilibre de toute la sphère sociale qui est menacée.

Sur la laïcité, je ne peux passer sous silence cette position surprenante de la Cour de cassation. Elle s'est manifestée dans le jugement d'une affaire de licenciement d'une jeune femme portant le voile dans une crèche de la grande banlieue parisienne. C'est l'arrêt Baby-Loup, bien connu des juristes. Contre l'avis de la cour d'appel de Versailles, puis de Paris, la Haute Cour a précisé dans deux arrêts successifs que : « Ni le principe de laïcité instauré par l'article premier de la Constitution, ni le principe de neutralité consacré par le Conseil constitutionnel au nombre des principes fondamentaux du service public ne sont applicables aux salariés des employeurs de droit privé qui ne gèrent pas un service public. » En résumé, les principes de neutralité et de laïcité ne sont pas applicables dans les entreprises privées. Quel aveuglement !

Pourtant, à l'issue d'un premier arrêt de la chambre sociale de la Cour de cassation, dès 2013, qui arrivait à ces conclusions, le ministre de l'Intérieur, Manuel Valls, dénonçait à la tribune de l'Assemblée nationale une atteinte à la laïcité, et les députés de l'opposition déposaient en avril suivant une proposition de loi pour permettre aux entreprises de protéger leur neutralité.

Le 6 juin 2013, la proposition de loi « relative au respect de la neutralité religieuse dans les entreprises et les associations » était rejetée par l'Assemblée nationale. Le 25 juin 2014, la Cour de cassation en assemblée plénière confirmait la non-application des principes de laïcité et de neutralité dans les entreprises privées.

Comment est-il possible d'admettre dans notre pays que l'autorité judiciaire puisse peser de manière aussi importante sur les grandes orientations de la société en limitant l'application d'un principe séculaire qui est celui de la laïcité ? Les parlementaires qui ne parviennent pas à se mettre d'accord sur un texte intelligent permettant aux entreprises privées de se prémunir contre l'irruption de la religion sur les lieux de travail, voilà un autre signe inquiétant de l'absence de régulation de la part de ceux qui en sont chargés. Pourquoi les sujets importants ne font-ils pas l'objet d'un consensus au-delà des clivages politiques ? La régulation nécessite des outils dont l'État dispose à condition de les entretenir et de les protéger.

Le premier de ces outils : les forces de sécurité.

10

La tactique du gendarme

Il n'a échappé à personne qu'il existe des difficultés, mises en lumière par la colère des policiers à la suite de la tentative d'assassinat de quatre des leurs à Viry-Châtillon en octobre 2016. Les hommes politiques, depuis ces manifestations, se sont emparés des thèmes dont nous parlons, au sein des forces de sécurité, depuis bien longtemps.

La légitime défense en est un. Comment peut-on imaginer demander à des militaires – les gendarmes – et à des fonctionnaires de police d'assurer la sécurité des Français en n'étant protégés que par la notion de légitime défense ? C'est la « protection » qui est accordée à n'importe quel citoyen qui est amené à se défendre s'il est attaqué. Cela n'est pas sérieux. Un gendarme ou un policier n'est pas n'importe quel citoyen.

Le débat que j'ai personnellement alimenté lorsque les candidats à la primaire de la droite sont venus s'exprimer à la demande de l'Institut pour la justice en octobre 2016, à la Maison de la chimie, à Paris, est déjà dépassé. Il ne s'agit plus d'aligner les policiers sur les gendarmes en termes d'usage des armes. Rappelons que la jurisprudence de notre pays a bien écorné le droit d'usage des armes, après sommations, des gendarmes. Parfois, ce que la loi permet, les décisions de justice le défont. Donner aux policiers les mêmes prérogatives qu'aux gendarmes ne règle rien. Cela satisfait une vieille revendication des syndicats de police, mais n'aura aucun effet pratique. C'est l'objet d'une disposition législative de la fin 2016 qui relève de l'incantation et de l'agitation médiatique. En réalité, il est largement temps de trouver un statut dans lequel l'usage des armes par les forces de sécurité, certes encadré, soit évalué à l'aune de considérations dont la légitime défense ne peut pas être le seul critère. Un cadre juridique protecteur des forces de sécurité est désormais incontournable.

Comment peut-on laisser les membres des forces de l'ordre risquer leur vie dans un contexte de plus en plus difficile en ne reconnaissant que la légitime défense, même « améliorée » ? C'est faire d'eux des cibles potentielles. En l'état actuel des choses, il faut reconnaître et clamer l'insécurité juridique des gendarmes et des policiers qui interviennent dans des situations tendues. La vérité est que la tension opérationnelle est déjà très présente et difficile à gérer dans certaines zones. Ensuite, si les choses tournent mal, le soutien de la hiérarchie n'est pas toujours immédiatement acquis, tellement le risque de déplaire et d'encourir les foudres des ambitieux est présent. Il existe également des effets de système que certains présentent comme une garantie de défense des gendarmes et des policiers. Ce sont les enquêtes internes. Elles révèlent toujours une certaine suspicion à l'égard des acteurs de terrain qui assurent à grand-peine la sécurité du pays…

En septembre 2016, près de Menton, dans les Alpes-Maritimes, un jeune migrant africain est retrouvé mort sous le viaduc de Sainte-Agnès. Il faisait partie d'un groupe cherchant à échapper à une patrouille de gendarmerie. En pleine nuit, ayant repéré plusieurs personnes circulant à pied sur l'autoroute, les gendarmes tentent de les retrouver, avant tout pour des raisons de sécurité. Ils en interceptent deux, mais pas le troisième, dont le corps est découvert le lendemain matin. Pour échapper aux gendarmes, il a enjambé le parapet. L'inspection générale de la gendarmerie est saisie. Habituellement, ce service d'enquête national est saisi en cas de dysfonctionnement ou de faute supposée d'un militaire de la gendarmerie. Pourquoi imagine-t-on d'emblée une possible faute ? Suspicion illégitime…

Enfin, lorsque la machine judiciaire se met en route, il n'y a aucune considération particulière pour les membres des forces de l'ordre. Je dirais même qu'une certaine méfiance prévaut. Ce n'est pas le cas de tous les magistrats, car depuis 2015 certains d'entre eux sont réellement bien intentionnés. Cependant, au sein des forces de sécurité, le sentiment général est le suivant : pour éviter que le système judiciaire soit soupçonné de favoriser les gendarmes ou policiers qui ont fait usage de violence ou de leurs armes, ces derniers sont traités comme les délinquants voire parfois moins bien…

C'est peut-être la manifestation, voire l'affirmation de l'indépendance de l'autorité judiciaire. C'est peut-être aussi un gage donné aux proches de ceux qui ont fait l'objet de l'action des forces de l'ordre. Toutes ces manifestations de familles et d'amis me laissent perplexe. Je parle, bien sûr, de celles qui sont revendicatives et demandent « que toute la justice soit faite », laissant planer le doute et parfois disant explicitement que les gendarmes ou les policiers sont des assassins. Cette manière de faire pression à la fois sur l'opinion publique et accessoirement sur le cours de la justice est irrecevable. Dans la plupart des cas, tous ceux qui manifestent ne disposent d'aucun élément sur les circonstances et sont plus animés du désir d'exprimer leur révolte personnelle que de connaître la réalité des faits. On peut aisément comprendre la douleur, mais elle ne doit pas empêcher la dignité. Ce qui les intéresse souvent est de faire pression pour favoriser l'émergence d'une vérité qu'ils imaginent. Mais grâce à la complaisance de certains élus et des médias, ce mode d'expression devient systématique. C'est dangereux pour la démocratie, pour notre cohésion sociale et pour la sérénité de la justice. Tout cela entretient un climat de suspicion à l'égard des forces de l'ordre, et finalement de l'État, que je ne trouve pas toujours très solidaire, au-delà des discours convenus.

L'exemple du décès dramatique d'un jeune homme à Beaumont-sur-Oise, en juillet 2016, est révélateur. Lorsque j'entends le ministre de l'Intérieur ou le Premier ministre qui se réfugient derrière le sacro-saint argument que la justice est saisie et que toute la lumière sera faite sur l'affaire, cela me paraît une posture non conforme à ce qu'on attend d'un responsable politique. Il me semble surtout que leur rôle n'est pas de descendre dans l'arène et de prendre position, mais de donner aux forces de sécurité les moyens d'accomplir leur mission – ce qui n'est pas toujours le cas. Depuis le passage de Nicolas Sarkozy au ministère de l'Intérieur, la règle est de s'agiter en permanence avec une grosse couverture médiatique sur chaque événement qui se produit. Passé ce moment de communication, les membres des forces de l'ordre sont laissés seuls face à leurs difficultés. C'est aussi ce manque de considération que déplorent ces derniers. La considération ne se résume pas à des moyens financiers et humains. À Beaumont-sur-Oise, ce sont sept familles de gendarmes qui ont été « déménagées » car leurs enfants étaient menacés de mort à l'école… Rappelons que dans notre démocratie les membres des forces de l'ordre sont probablement les moins bien protégés. Les militaires en opérations font l'objet, à juste titre, d'une protection hiérarchique organisée et parfois du label « secret-défense » qui s'impose lorsque les intérêts supérieurs de la nation l'exigent. C'est typiquement le cas au Mali ou en Syrie.

Les magistrats, eux, sont protégés par leur statut et ne rendent jamais aucun compte, y compris en cas de faute personnelle. Rares sont les décisions disciplinaires du Conseil supérieur de la magistrature (CSM). Entre 1959 et 2015, le CSM a rendu 306 décisions, dont 283 pour les magistrats du siège et 83 pour les magistrats du parquet. Cela fait une moyenne de 5,4 par an... Soit les magistrats sont parfaits, soit il y a une véritable protection dont le principe est absolument nécessaire mais l'application probablement un peu excessive. Les avocats sont également protégés et je défie quiconque de mettre en cause et d'obtenir des poursuites contre un membre du barreau qui aurait outrepassé ses droits, voire commis une infraction pénale dans l'exercice de ses fonctions.

Les hommes politiques, enfin, sont couverts par diverses immunités, qu'il s'agisse des parlementaires, des ministres ou du président de la République. Certains bénéficient même d'un privilège de juridiction, c'est-à-dire qu'ils ne sont pas jugés par les mêmes tribunaux que tous les citoyens. Ainsi, la Cour de justice de la République pour les membres du gouvernement et la Haute Cour pour le président de la République sont chargées d'examiner les infractions commises à l'occasion de leur mandat.

Toutes ces mesures particulières dans leur principe ne semblent pas choquantes, mais ce qui n'est pas cohérent concerne le traitement qui est réservé aux forces de l'ordre. C'est celui de n'importe quel justiciable. Ainsi, ceux qui sont le plus exposés aux excès de notre société et qui font le lien entre l'État et les citoyens au quotidien ne bénéficient que du régime de droit commun. Ceux qui servent de tampon dans l'application de la loi sont souvent lâchés en rase campagne. Il ne s'agit pas de mettre en œuvre des mesures excessives et contraires aux principes de notre droit, mais de faire en sorte que ceux qui exercent l'autorité au quotidien puissent agir en ayant la certitude de bénéficier d'un traitement particulier en cas de situations non conformes. Et, surtout, de ne pas faire l'objet, sauf cas de faute personnelle flagrante, de mesures inutilement vexatoires.

Il y aura toujours des gendarmes et des policiers qui, dans l'action, passeront les limites du raisonnable. Mais je ne suis pas certain que les habituels donneurs de leçons qui ne se sont jamais trouvés en situation opérationnelle extrême avec des décisions à prendre en quelques dixièmes de seconde soient les mieux placés pour évaluer les conditions d'usage de la violence et la responsabilité des acteurs de terrain. C'est la raison pour laquelle devrait être instituée une garantie juridique qui permette l'application stricte de la présomption d'innocence pour les forces de l'ordre et un traitement particulier en cas de mise en cause. Ces mesures de protection statutaires n'empêcheront évidemment jamais la justice de s'exercer. Mais dans d'autres conditions.

En contrepartie s'impose une sévérité exemplaire à l'égard des policiers et des gendarmes déviants.

Il est désormais absolument nécessaire que toutes les affaires judiciaires qui mettent en cause les personnels des forces de sécurité soient traitées par un parquet spécialisé au niveau de chaque cour d'appel. Elles doivent en tous les cas être dépaysées, c'est-à-dire traitées par des magistrats extérieurs au territoire dans lequel se sont produits les faits, pour permettre la plus grande sérénité dans tous les actes et les décisions. Pour éviter les passions et la pression de la rue.

La motivation et l'efficacité des gendarmes et des policiers, et par conséquent la sécurité des Français sont à ce prix. À ce sujet, une indication très intéressante sur le sentiment des gendarmes au regard du soutien qu'ils attendent des pouvoirs publics figure dans une enquête d'opinion réalisée par l'Ifop en novembre 2016. Quelque 72 % des 1 189 gendarmes qui se sont exprimés sont satisfaits de leur situation professionnelle et 93 % sont fiers d'être gendarmes. Mais un autre élément vient tempérer le constat. Les gendarmes estiment à plus de 60 % que « les membres des forces de l'ordre ont pour consigne implicite de ne pas aller dans les quartiers sensibles pour ne pas faire de vagues et créer de tensions ».

Évidemment ces résultats doivent être pris avec précaution, car le ressenti et l'affectif prédominent dans ce type de consultations, mais ce sont des indications extrêmement intéressantes. Elles traduisent malgré tout une réalité que j'ai constatée sur le terrain dans les échanges et qui ne peut pas être balayée d'un revers de la main. Lorsque de tels sentiments animent ceux à qui la société demande de manière de plus en plus pressante une protection de tous les instants, cela ne doit pas être pris à la légère. À bon entendeur…

Les forces de sécurité doivent pouvoir accomplir leurs missions avec une plus grande sérénité et encore plus efficacement. Et pour cela il y a des décisions à prendre.

J'ai essayé d'en faire prendre deux pour lesquelles, dans mes responsabilités d'adjoint au directeur des personnels de la gendarmerie puis de directeur des opérations, j'ai dépensé beaucoup d'énergie sans déclencher l'enthousiasme de mes chefs. L'enthousiasme n'est pas nécessaire. Les mesures, si.

La première concerne le degré d'expérience des personnels qui sont affectés dans les unités les plus difficiles en termes d'insécurité. Ce constat concerne probablement davantage la police que la gendarmerie, car les zones qu'elle surveille sont en moyenne plus complexes. C'est en particulier le cas de la région parisienne et des départements de la petite couronne, qui rassemblent à eux seuls les policiers les plus jeunes et les moins expérimentés. Ce sont généralement les sortants d'école qui y sont affectés, car il y a peu de volontaires chez les policiers pour affronter la réalité des quartiers très difficiles. Il y a donc une nécessité absolue de favoriser l'affectation dans ces zones des fonctionnaires expérimentés pour faire en sorte que les réactions en situation opérationnelle soient les plus appropriées. Car un jeune qui sort d'école, même s'il est en équipe avec des personnels plus mûrs, est placé dans une position qui l'expose à la fois sur le plan psychologique mais également sur le plan physique. Affronter la rudesse du quotidien et les violences verbales voire physiques des bandes de certains quartiers du 93 ou du 95 n'est pas une sinécure et demande un certain recul et une grande maîtrise. Plus les personnels expérimentés sont nombreux, moins il y a de risques de dérapage. Pour parvenir à une meilleure adaptation des aptitudes des fonctionnaires aux zones dans lesquelles ils exercent leurs missions, il sera nécessaire de résoudre au moins deux difficultés majeures. Tout d'abord la question du logement en région parisienne, qui pose problème compte tenu des revenus des fonctionnaires de police et du coût du marché de l'immobilier. Ensuite – et c'est la question la plus épineuse – le mode de gestion des ressources humaines dans la police nationale et le rôle joué par les syndicats. Il est tout à fait clair que les personnels expérimentés n'accepteront d'aller dans les zones difficiles qu'avec des incitations financières et des avantages de carrière. Ce sont clairement des choix politiques. Ces choix sont de nature à créer les conditions de la diminution du nombre de situations potentiellement conflictuelles.

Une seconde mesure concrète – désormais largement pratiquée, mais pas assez – mérite une systématisation : l'enregistrement vidéo de toutes les interventions. En 2013, j'avais préconisé cette mesure essentiellement destinée à protéger les gendarmes en intervention. La question de fond était de pouvoir établir de manière indiscutable la réalité de l'action, des échanges et la chronologie des actes des protagonistes en cas de dérapage. Ces enregistrements à vocation interne permettaient de connaître la vérité sur certaines séquences sur la voie publique ou en intervention nocturne dans les domiciles. J'avais souhaité instaurer cette règle car, depuis une dizaine d'années, en cas de conflits, d'outrage ou de bousculade, la parole des gendarmes n'a pas plus de valeur que celle de provocateurs. Je me suis heurté au lobby des juristes et des défenseurs des libertés individuelles qui considéraient que de tels enregistrements n'étaient pas conformes à notre législation. Mais comme ces enregistrements n'avaient aucune vocation à être exploités autrement qu'en cas de difficultés, j'ai quand même signé cette directive interne et, un peu plus tard, j'ai doté les unités d'outre-mer de caméras individuelles. Ces dispositifs ont été très utiles à La Réunion et à Mayotte, par exemple. Mais j'étais clairement en décalage avec la pensée dominante et, dans ces conditions, il faut avoir une certaine constance pour conserver le cap. Personne ne peut imaginer la sérénité que procure, pour un gendarme ou un policier, le fait que tout ce qui se passe lors d'une intervention est vérifiable sur un enregistrement. Enfin, cette systématisation de l'enregistrement doit être étendue à toutes les manifestations à risques. Elle permet d'établir de manière indiscutable le déroulement des événements et des exactions s'il y en a. De ce point de vue, les drones apportent une plus-value considérable, même s'ils ne sont pas encore totalement intégrés dans la manœuvre, notamment à Paris. On observe même une certaine retenue à les utiliser, souvent pour des motifs juridiques. Cette frilosité chronique n'est pas raisonnable.

Les juristes sont précisément là pour trouver la solution permettant de mettre en œuvre des procédés qui favorisent l'efficacité, pas pour l'empêcher. Une législation bien conçue est un facteur de progrès, pas d'immobilisme – pourtant trop souvent le fondement de la culture ambiante.

Toutes ces mesures qui favorisent la protection des forces de sécurité sont devenues aujourd'hui incontournables. Or, il existe encore des réticences que les acteurs de terrain ne comprennent pas. Les forces de sécurité, dont les Français ont loué les qualités à l'occasion des attentats, attendent du pouvoir politique une plus grande confiance, pas seulement devant les caméras, mais également une amélioration des conditions matérielles et juridiques qui leur permettra de retrouver la sérénité qui leur manque depuis bien longtemps.

Il y a d'autres chantiers à déblayer. Notamment les rapports – souvent complexes – entre la gendarmerie et la police. Il est temps de se pencher sur cette question épidermique.

11

Flics et pandores : les frères ennemis

Les relations entre la police et la gendarmerie ont toujours donné lieu à des commentaires et à des plaisanteries. Le flic à képi et le pandore à bicorne ont longtemps régalé les petits spectateurs de Guignol. Mais, derrière cette mythologie amusante, il y a une réalité. Souvent moins drôle.

La nature même des deux institutions et leur appartenance avant 2009 à deux ministères différents ont alimenté très longtemps les ambiguïtés, les incompréhensions et les tensions. L'arrivée de la gendarmerie Place Beauvau (signalons que Charles-Juste de Beauvau-Craon, le locataire de ce bel hôtel particulier, était ministre de la Guerre sous Louis XVI, à une époque où la guerre avait un ministère), officiellement en août 2009, après sept années de « mise pour emploi » auprès du ministère de l'Intérieur, n'a pas fondamentalement changé les relations entre les deux maisons.

Autant le dire d'emblée : les rapports entre les gendarmes et les policiers sur le terrain, dans la vraie vie, ne présentent aucune difficulté. À de nombreuses reprises, en métropole ou outre-mer, les gendarmes avec lesquels nous parlions de ces questions ne faisaient pas état de tensions particulières. Sauf exception, la complémentarité et le bon sens prévalent. Partout où j'ai exercé des responsabilités de terrain, les relations avec les patrons de la police se sont toujours bien passées. Je pense en particulier aux directeurs départementaux de la sécurité publique que j'ai croisés, avec certains desquels j'ai encore des contacts personnels. Dans mes responsabilités de directeur des opérations de la gendarmerie, rares sont les cas où le responsable de la police et celui de la gendarmerie ne s'entendaient pas. Les seules difficultés tiennent aux mésententes personnelles et, parfois, à une vision patrimoniale de la sécurité. Certains pensent qu'ils sont propriétaires de leurs affaires judiciaires. Sur le terrain, c'est le traitement des enquêtes d'une certaine importance qui pose problème. Tout simplement parce qu'elles sont valorisantes, permettent de se faire mousser auprès des magistrats et d'avoir une visibilité dans les médias. Cette sorte de compétition existe également entre services de police, c'est un des effets de la nature humaine que l'on trouve dans toutes les professions.

Mais pendant très longtemps, police et gendarmerie étaient « sœurs ennemies ». Aux flics, les crimes. Aux gendarmes, les vols de poules. En outre, au ministère de la Défense, la gendarmerie n'existait pas vraiment. À la fin des années 1990, elle a connu des diminutions de budget alors que ses besoins ne cessaient de grandir. Elle était le dernier des soucis du ministre. L'emploi quotidien des gendarmes échappait à la Défense, puisque les responsabilités se partageaient entre le ministère de la Justice pour les affaires judiciaires et celui de l'Intérieur pour l'exercice de la police administrative et le maintien de l'ordre. Jusqu'en 2002, jamais la gendarmerie n'avait été associée à la conception des directives nationales en termes de sécurité publique. Les choses ont changé, Dieu merci.

Aujourd'hui aucun texte, aucun plan de niveau national ne se conçoit sans la participation de la gendarmerie.

C'est un changement radical – d'autant plus justifié que la capacité de la gendarmerie à concevoir et à planifier est un de ses grands atouts. Mais ce positionnement nouveau a bousculé les équilibres. Un acteur de plus dans la tectonique des pouvoirs…

La gendarmerie a donc pris sa place (je devrais dire « s'est fait une place ») et la police nationale n'a pas toujours bien accepté l'arrivée de cet enfant adopté dans la famille. Car le ministère de l'Intérieur était avant tout le ministère de la police, il y a quelques années encore. C'est un peu moins vrai aujourd'hui, grâce à la personnalité des directeurs généraux de la gendarmerie qui se sont succédé depuis 2002 et tout particulièrement grâce à l'action de Denis Favier. Il a permis de faire respecter la place de la gendarmerie. Il était temps.

Bien souvent sur la défensive, les responsables de la police nationale et les syndicats de police n'ont pas toujours été bien disposés à l'égard de l'Arme. Certains pensent que la gendarmerie a une vision hégémonique et qu'elle souhaite prendre le pas sur la police et la supplanter en certains domaines. Quand bien même les chefs de la gendarmerie le souhaiteraient, ce qui n'est pas le cas, ils n'en auraient ni les moyens, ni la capacité. Il n'y a véritablement aucun danger, mais, à l'évidence, les craintes existent et les luttes de pouvoir sont également une réalité.

La principale difficulté avec la police est l'attitude agressive des syndicats à l'égard de la gendarmerie et surtout de ses capacités. Ce qui est le plus insupportable pour les gendarmes des unités de terrain, ce sont les attaques et le dénigrement trop fréquent par certaines organisations syndicales. Faire passer les militaires de la gendarmerie pour des professionnels qui ne sont pas au niveau de la police est fréquent. C'est assez insultant, peu respectueux et dénué de sens. Ces excès sont déplacés, alors que la situation de notre pays demande davantage d'unité et de cohésion plutôt que de la défiance et des critiques infondées et stériles. Chaque institution a sa place dans le dispositif de sécurité, avec ses qualités et ses défauts, ses points forts et ses points faibles.

Un directeur général de la police nationale sous le quinquennat précédent utilisait le terme de « cruchots » en parlant des gendarmes. L'adjudant-chef Cruchot, un imbécile amusant, est le personnage principal de la série du *Gendarme de Saint-Tropez*, interprété par Louis de Funès. C'est dire toute la considération que ce directeur avait pour la gendarmerie... Qu'aurait-il dit si on avait traité ses hommes de « pinots », comme le personnage de Gérard Jugnot dans *Pinot, simple flic* ?

Certes, les chefs de la gendarmerie critiquent parfois les patrons de la police, car ceux-ci ne sont pas toujours très directs dans leur manière de faire. Pourquoi ? Tout simplement parce que le poids des organisations syndicales ne leur permet pas d'avoir les mains aussi libres qu'ils le souhaiteraient. La négociation avec les syndicats est le premier acte de management dans la police. C'est ni plus ni moins que de la cogestion. Naturellement, on peut me soupçonner de parti pris. Mais le respect que j'ai pour tous ces hommes et ces femmes qui font ce métier difficile ne m'empêche pas de porter un regard lucide sur le fonctionnement de la police. Il suffit de consulter les rapports annuels du médiateur de la police nationale et d'écouter des fonctionnaires de tous les corps pour se faire une idée précise sur cette question.

Devant témoins, le ministre de l'Intérieur Bernard Cazeneuve a déclaré qu'en aucun cas il ne prendrait le risque de se mettre les syndicats à dos. Il est évident que la gendarmerie ne pourra jamais exister dans un système qui permet à des responsables syndicaux d'avoir un accès direct au ministre de l'Intérieur en disposant notamment de son numéro de portable… Ce mode de fonctionnement pose un problème de management et parfois un problème éthique. Je pense en particulier à « Jo » Masanet, cet ancien syndicaliste, président de l'Association nationale d'action sociale de la police, client régulier de la justice condamné à plusieurs reprises pour abus de biens sociaux. Nommé au Conseil économique et social par Dominique de Villepin, il a pratiqué, auprès de différents ministres, une stratégie d'influence très active. Ils l'ont tous acceptée. Sauf Bernard Cazeneuve. L'action syndicale et parfois ses excès séparent la police de la gendarmerie, et aujourd'hui une bonne partie des policiers de terrain ne reconnaissent plus la légitimité des organisations syndicales. Le dernier mouvement de contestation des policiers en est l'illustration. Je crois que c'est un signe des temps.

Sur le rôle des syndicats, un épisode intéressant s'est déroulé en 2013 à propos de l'exercice de la police judiciaire. À l'occasion d'un déplacement en Corse du ministre de l'Intérieur, Manuel Valls, a germé l'idée de confier la responsabilité de la lutte contre la grande délinquance et le terrorisme à la direction centrale de la police judiciaire, reléguant la gendarmerie au rang d'exécutant et de pourvoyeur de moyens. Situation dérogatoire au regard de la compétence territoriale… Pour équilibrer cette décision, la gendarmerie demande alors une contrepartie : le commandement et la coordination de la lutte contre les trafics de stupéfiants dans la zone des Antilles-Guyane. Je nous revois, un vendredi après-midi, après une réunion conduite par le directeur de cabinet du ministre, rédigeant sur un coin de table du salon Fumoir de Beauvau un papier commun avec le directeur général de la police nationale et la directrice centrale de la police judiciaire. Chaque mot est pesé, chaque tournure de phrase évaluée au trébuchet. Toute cette agitation, alors même que le principal partenaire intéressé, le ministère de la Justice, n'est pas informé de ce projet. Rappelons que le choix des enquêteurs pour tous types de crimes et délits revient aux magistrats en vertu du Code de procédure pénale. Situation cocasse, voire absurde : l'acte premier eût été d'informer le garde des Sceaux.

Finalement, cette idée étrange qui aura occupé de nombreux responsables des deux maisons pendant des semaines entières sera abandonnée sous la pression amicale des organisations syndicales qui n'acceptent pas la contrepartie aux Antilles-Guyane. Comment imaginer confier à la gendarmerie la coordination de la lutte contre les stupéfiants ? Anathème ! Rien ne sera donc modifié, ni en Corse, ni aux Antilles-Guyane, laissant aux magistrats le soin de confier les affaires judiciaires au service d'enquête qu'ils considèrent le mieux placé.

Autre exemple pour illustrer le poids excessif des syndicats. En 2013, un certain nombre de redéploiements entre la police et la gendarmerie sont décidés et mis en œuvre. Guebwiller (Haut-Rhin), Dinan (Côtes-d'Armor), Castelnaudary (Aude), Romorantin (Cher) et Persan-Beaumont (Val-d'Oise) notamment sont repris par la gendarmerie. Les commissariats de police de ces villes sont supprimés. De la même manière, un certain nombre de brigades de gendarmerie sont dissoutes, pour être remplacées par des circonscriptions de police. Tout cela est discuté, planifié et préparé entre les deux directions générales. En 2014, forts de la réussite partielle des opérations décidées l'année passée, les discussions reprennent pour en réaliser de nouvelles. Je dis partielle, car plusieurs opérations n'ont pas été effectuées : Saint-Gaudens, en Haute-Garonne, en raison d'une mobilisation syndicale, tout comme Capesterre-Belle-Eau, en Guadeloupe, et Thouars, dans les Deux-Sèvres, en raison de la présence et de la personnalité de la présidente de la Région Poitou-Charentes, Ségolène Royal. Les discussions débutent à propos de Castelsarrasin, de Sélestat, de certaines communes dans la Nièvre et avant même que nous puissions débattre un oukase du cabinet du ministre tombe : aucune discussion et encore moins de redéploiement en 2014, car les élections professionnelles ont lieu fin 2014. Fin du film.

L'intérêt général est donc subordonné au tempo de la vie syndicale. Le bon sens et l'efficacité ? Oubliés. Constat : les différents ministres et les chefs de la police préfèrent maltraiter des militaires de la gendarmerie qui restent malgré tout disciplinés, plutôt que de mécontenter les syndicats dont le pouvoir de nuisance est important. La partie ne sera jamais égale et c'est un des principaux motifs de la discorde entre les deux institutions.

Aujourd'hui chaque institution accomplit sa mission dans sa zone de responsabilité en parfaite entente sur le plan opérationnel. Par ailleurs, des mutualisations de moyens ont eu lieu. L'essentiel est que la gendarmerie et la police continuent de garder leur identité en assurant la sécurité des Français le plus efficacement possible. C'est possible, je le sais d'expérience.

Police, justice, ordre, sécurité. Questions brûlantes, qui méritent qu'on s'y arrête. Mais il existe un autre domaine terriblement exigeant, hautement explosif, qu'il convient d'analyser et de réformer. L'avenir de nos enfants en dépend. L'éducation.

12

Les déboires de l'école

Voici un extrait des principaux faits divers survenus dans les deux mois qui ont suivi la rentrée scolaire de l'automne 2016.

Alès : alors qu'il attendait son bus près de son établissement scolaire, un lycéen est pris à partie et roué de coups par un groupe d'une demi-douzaine de jeunes. Fracture du poignet et de la mâchoire, entorse à l'autre poignet, nombreuses contusions. Tout ça pour un téléphone portable.

Saint-Denis, lycée Suger : un surveillant est roué de coups aux portes du lycée. Quelques jours plus tard, la venue de jeunes armés de battes de base-ball oblige le proviseur à fermer les portes et à faire sortir les élèves par l'arrière du bâtiment. Le jour suivant, un élève est poursuivi dans la rue par des jeunes et se réfugie dans le lycée. Le lendemain, l'assistant d'éducation est insulté et menacé de mort par des élèves.

Argenteuil, école Paul-Langevin : en pleine rue, deux jeunes hommes sortent d'une voiture, font chuter un professeur d'EPS et lui assènent des coups de pied et des coups de poing au visage. Le professeur venait de remettre à sa place une de ses élèves qui tenait un langage ordurier. Visage tuméfié et nombreuses contusions.

Romans-sur-Isère : une cinquantaine d'individus incendient une école maternelle pour attirer les secours et les forces de l'ordre. Celles-ci ripostent avec des Flash-Ball et des grenades lacrymogènes. Bilan : 2 000 mètres carrés ravagés par les flammes.

Calais : un professeur d'électrotechnique du lycée d'enseignement professionnel Coubertin demande à deux élèves de terminale de se mettre au travail. Bilan : fracture de la mâchoire et plusieurs dents cassées.

Tremblay-en-France : la proviseure du lycée professionnel Hélène-Boucher, s'opposant à des actes de violences et de dégradation, est frappée à la grille de son établissement, devant lequel des jeunes s'en prennent ensuite aux forces de l'ordre, avec des mortiers artisanaux et des cocktails Molotov. Quelques jours auparavant, une trentaine de jeunes munis de barres de fer s'étaient affrontés devant l'enceinte du lycée où deux véhicules avaient été incendiés.

Colomiers : une enseignante d'éducation physique et sportive du lycée international Victor-Hugo est agressée physiquement par un élève de terminale.

Bordeaux : un jeune homme de 16 ans est tabassé avec une extrême violence par quatre autres lycéens à la sortie du lycée professionnel Tregey. Transporté aux urgences, il souffre d'un traumatisme crânien, de diverses contusions et de plusieurs dents cassées.

Lyon : plusieurs agressions physiques en deux semaines au sein du collège Longchambon. Une enseignante est la cible d'un jet de chaise en plein cours. Une élève empoigne une professeure au col afin de l'étrangler et lui porte des coups de poing et de pied pour avoir été envoyée chez la principale.

Roubaix, lycée Jean-Moulin : des cours annulés après des jets de projectiles dans une classe. Un avocat a été lancé dans une classe. Il s'écrase sur le mur à 1 mètre de la tête d'une professeure. Une conseillère principale d'éducation est giflée par un élève.

Martinique, lycée professionnel de Dillon : un élève balance son sac à la tête d'un enseignant. Contusions sous-orbitaires, cervicalgie.

Strasbourg, lycée Oberlin : un jeune homme étranger pénètre dans un cours de mathématiques et s'assoit au bureau du professeur. L'enseignant tente de maîtriser cette personne qui n'est finalement pas un élève. Il est violemment frappé plusieurs fois au visage.

Villefranche-sur-Saône, lycée Louis-Armand : à la sortie des cours, dans l'enceinte de l'établissement, devant le portail, une élève de première du lycée reçoit plusieurs coups de couteau d'un élève de première scolarisé dans le même lycée. Héliportée vers l'hôpital, son pronostic vital est engagé. La victime décède de ses blessures.

Nîmes : un lycéen âgé de 15 ans frappe violemment à coups de pied puis tente d'étrangler sa petite amie, à qui il reproche une convocation au commissariat pour vol d'un téléphone portable. Deux agents techniques de l'établissement interviennent et le maîtrisent à grand-peine. L'adolescent passablement énervé s'enfuit et s'en prend une nouvelle fois à sa copine.

La violence dans et autour des établissements est quotidienne même si la presse ne rapporte que les événements les plus graves. La palme revient aux lycées d'enseignement professionnel. En moins de dix ans, les incidents déclarés sont passés de 15 pour 1 000 élèves à 25 pour 1 000 élèves. Viennent ensuite les collèges et enfin les lycées d'enseignement général et technologique. Les chiffres officiels ne sont pas révélateurs du véritable climat de violence. D'abord parce que tous les faits ne sont pas connus du corps enseignant. Ensuite parce qu'il existe un réflexe naturel de minimiser les incidents pour deux raisons. La première tient aux effets de la publicité de ces actes sur la réputation des enseignants, des responsables et des établissements eux-mêmes. La seconde tient à la volonté des recteurs d'académie d'afficher des résultats et une situation conformes aux attentes du ministère. Ces schémas de fonctionnement sont bien connus et trop répandus. Le résultat est une remontée des informations tronquée et non conforme à la situation réelle.

Il est grand temps d'affronter la situation et de régler les sujets sensibles qui pourrissent l'ambiance et pèsent sur l'avenir de nos enfants.

Transmettre le savoir est une tâche compliquée dans une ambiance normale et apaisée. Dans un contexte dégradé, c'est quasiment mission impossible. Certains y parviennent, mais à quel prix ? Est-il normal que tant de professeurs soient dégoûtés et ne résistent plus aux comportements de leurs élèves ? Ne soyons pas étonnés de constater le taux d'absentéisme et les très nombreuses dépressions dans le corps enseignant.

La première mesure à prendre est le renforcement des équipes mobiles de sécurité (EMS), qui ont été créées en 2010 et généralisées au niveau de chaque rectorat depuis 2012. Ces équipes sont composées de dix à cinquante personnes, selon les académies. Leur mission est triple : accompagner et aider les établissements en cas de fortes tensions ou en temps de crise, assurer la protection et la sécurité des personnes et des biens au sein des établissements et à leurs abords, et enfin améliorer la prise en charge des élèves aux conduites problématiques. Ces équipes interviennent pour une durée maximale de six semaines dans les établissements. Bien souvent, cela n'est pas suffisant.

Les EMS doivent pouvoir être détachées sans limitation de temps, à titre provisoire, dans les établissements dans lesquels les agressions se multiplient, voire y être affectées à temps plein. Par ailleurs, les faits de violence à l'école ou autour de l'école doivent faire l'objet d'un traitement prioritaire des forces de l'ordre et de la justice avec des personnels spécialisés. Les enquêtes doivent être rapides, confiées toujours aux mêmes personnels et les mis en cause traités sous le régime de la comparution immédiate. Seules l'immédiateté et la fermeté des sanctions peuvent enrayer la spirale de cette violence. Voilà qui nécessite une coopération totale du corps enseignant et des responsables d'établissement, ainsi qu'une plus grande transparence dans l'information des forces de sécurité en particulier. On ne peut agir intelligemment (et de préférence préventivement) que lorsqu'on dispose de certains signaux.

Nous devons sortir du traitement administratif de la violence : ce ne sont pas les incantations et les communiqués de presse des rectorats et du ministère qui ont changé la donne jusqu'ici. Il y a un enjeu fort : celui de l'avenir de plusieurs générations qui regardent, avec effarement parfois, la manière dont nous assumons nos responsabilités à leur égard.

Subsiste encore et toujours l'éternelle pomme de discorde du fonctionnement de l'Éducation nationale. Dire que le système ne donne pas satisfaction est un euphémisme. Il y a sur le diagnostic un consensus partagé par une majorité de ceux qui sont concernés par l'école à un titre ou à un autre. Dans une machine aussi monumentale que l'Éducation nationale, il n'est pas possible de créer de l'harmonie sans un minimum de clarté. Or, tout y est dilué et les responsabilités éparpillées.

Le chef d'établissement doit être l'autorité de référence. Il doit bénéficier des prérogatives liées à sa fonction de chef. Qu'il y ait par ailleurs des autorités techniques en termes pédagogiques ne pose pas de problèmes, mais en appoint de l'autorité hiérarchique. Cette cohérence est nécessaire et souhaitée par un certain nombre d'enseignants, dont les plus jeunes, qui apparaissent très lucides. Il faut donc redonner au plus vite toute sa vigueur au système. Le contenu des programmes et les rythmes scolaires, sur lesquels les spécialistes ne sont pas d'accord, sont un autre débat. En revanche, il est capital de préserver un environnement de sécurité favorable au sein et autour de l'école. Celui-ci est nécessaire pour assurer la sérénité des professeurs, des élèves et des parents. Les syndicats d'enseignants, qui ne sont pas toujours les plus constructifs, trouveront à redire, mais l'intérêt des élèves est rarement leur priorité.

Une anecdote, parmi tant d'autres, rapportée par un proviseur d'un lycée important de la métropole, est révélatrice. Dans son établissement, le nombre de postes de conseillers principaux d'éducation lui permettait d'envisager d'en supprimer un pour le « redéployer » dans un autre lycée où les besoins étaient bien supérieurs. La frilosité des autorités académiques au regard des réactions syndicales ne l'a pas empêché de proposer cette mesure. C'était une solution pragmatique et efficace… à laquelle s'est évidemment opposé un syndicat malgré l'acquiescement, à titre personnel et « en off », de la représentante locale. On en rirait presque.

Finalement, seules la bonne volonté individuelle et la capacité de conviction du proviseur ont permis d'obtenir que soit prise cette décision de bon sens. Comme toujours, les qualités personnelles des uns et des autres permettent d'avancer, mais au prix de quelle énergie !

Une révolution culturelle au sein de l'Éducation nationale est sans nul doute la condition de la survie d'un système qui a fait ses preuves. Mais celui-ci est trop pollué par des considérations et des partis pris éloignés de l'intérêt des élèves. Le nombre de jours de grève et de professeurs absents non remplacés dans les établissements est un indicateur très révélateur de cette maladie chronique. La demande croissante de scolarisation dans les établissements du secteur privé est un autre indicateur des dysfonctionnements de l'école publique.

L'école de la République, véritable trésor de notre démocratie, est devenue un facteur d'aggravation des inégalités, un instrument d'exclusion. Voici quelques chiffres évocateurs, sans polémique, sans jugement et sans critique, car il est inconcevable de faire assumer aux individus les défaillances du système. La norme de référence du travail est la semaine de 35 heures. Soit, pour un salarié, 1 604 heures de travail par an. Pour un enseignant, on considère qu'à une heure enseignée « en classe » correspond une heure de préparation ou de correction. Cela fait environ 800 heures d'enseignement dans les établissements et 800 heures à domicile. Un professeur agrégé d'un collège ou lycée assure 15 heures par semaine, soit un total de 450 heures par an. Un professeur certifié donne 18 heures de cours par semaine, soit un total de 540 heures. Un professeur de lycée professionnel enseigne 18 heures par semaine mais en défalquant les six à huit semaines de stage pendant lesquelles les élèves sont absents, cela donne 432 heures par an. Enfin, un professeur de classe préparatoire assure 10 heures de cours hebdomadaires et parfois moins (8 ou 9), ce qui fait environ 300 heures de cours par an. Calcul simple : si chaque professeur assurait 800 heures de cours par an, il y aurait un gain de plus de 100 000 emplois.

Il s'agit avant tout de faire en sorte que ceux qui sortent du système éducatif bénéficient de tous les atouts pour affronter les difficultés de la vie active, ce qui n'est plus le cas aujourd'hui pour une partie des jeunes Français. Donner à chacun toutes les chances de réussir n'est pas l'objectif final. Il est remplacé depuis longtemps par le souci de « boucler le programme » et de maintenir le minimum de bon ordre dans les classes et les établissements. C'est une ambition qui ne s'accorde pas avec les principes fondateurs de l'école publique. L'école devrait être au cœur des préoccupations de l'exécutif. Or, la dégradation très significative des conditions d'enseignement, notamment dans les zones les plus fragiles, est un facteur de précarisation. Où sont les priorités de l'État ?

La régulation du fonctionnement de l'Administration devrait être également une préoccupation constante de l'exécutif. D'une manière générale, le mode de fonctionnement de l'Administration avec ses rigidités hiérarchiques et syndicales ne conduit pas forcément à une grande efficacité. Ce manque de dynamisme trouve son origine dans des pratiques admises depuis longtemps. Concrètement, dans un certain nombre d'organismes ministériels ou interministériels, des personnels de statuts différents se côtoient. En fonction de l'administration d'origine, les pratiques sont très variables. Le rythme de travail peut être différent et, par exemple, dans certains organismes d'exécution le nombre d'actes réalisés dans une heure peut varier du simple au triple en fonction du statut des personnels.

Un autre élément toxique : l'habitude de l'arrêt maladie. Un rapport parlementaire de 2013 présenté par la députée Bérengère Poletti (LR) dresse un constat à la fois sévère et inquiétant. Selon les administrations, les ministères et les lieux géographiques, les chiffres oscillent considérablement et le nombre moyen de jours d'arrêt maladie varie dans une proportion de 1 à 5 ! Toutes ces disparités (pour ne pas dire « anomalies ») dans l'approche du travail pèsent parfois lourdement sur l'efficacité collective, mais elles n'émergent pas pour des raisons qui tiennent au désir de paix sociale. En effet, ces pratiques font l'objet parfois d'une tolérance coupable afin de ne pas générer de tensions.

Le temps de travail des fonctionnaires demeure également un sujet délicat à aborder. Ces renoncements de toutes les hiérarchies, de la fonction publique d'État en particulier, semblent le prix à payer pour maintenir le calme social. Seule la fonction publique hospitalière échappe à ce constat pour les personnels soignants, qui ne sont pas particulièrement favorisés, c'est le moins qu'on puisse dire.

Naturellement, ce constat admis et partagé à la fois par la majorité des hauts fonctionnaires et par beaucoup d'élus n'est jamais publiquement évoqué. Ils confient, toujours en privé, que si la question leur était publiquement posée, ils ne pourraient pas tenir un tel discours. Voilà les bases sur lesquelles repose le fonctionnement général de l'Administration. Comment, dans ces conditions, envisager l'avenir avec un optimisme béat ? Combien de temps les Français, à l'évidence parfaitement conscients de cette situation, vont accepter de telles pratiques ? Y compris le financement d'organismes administratifs parallèles ? Quelque 45 % des Français et 57 % des fonctionnaires estiment que la qualité de service à l'usager va se détériorer dans les cinq ans.

Il existe donc une double difficulté, qui tient à la fois à la perception des Français de leur Administration et à son avenir. Toutefois, ce constat ne concerne que la partie visible de l'Administration. Il reste une bonne proportion souterraine. C'est celle-ci qu'il faut réformer. L'idée a déjà été lancée, mais il est intéressant qu'on réévalue la pertinence du statut ultra-protecteur de la fonction publique. Fonctionnaires à vie ? Rappelons que les militaires sont pour 70 % d'entre eux des contractuels. Ils risquent leur vie et connaissent d'autres conditions d'emploi que les fonctionnaires... Et leur statut ne les empêche pas d'être performants. Les rouages de la machine d'État sont parfois grippés. Il faut les huiler. Cette régulation entre les différents services n'est pas toujours facile. C'est un chantier colossal – mais nécessaire. Réguler, c'est aussi savoir se remettre en question et impulser de nouvelles politiques pour préparer l'avenir.

13

Courage, incitons

Il ne suffit pas de prendre les problèmes à bras-le-corps. Il faut aussi savoir allumer la mèche. En d'autres termes : inciter. Car réguler est certes nécessaire, mais peut conduire à figer les choses, à les installer dans le confort d'un fonctionnement ronronnant. Une fois que le moteur tourne bien, pourquoi irait-on le bricoler ? Or, dans le cas (idéal) où la machine d'État serait parfaitement réglée, il reste une composante vivace : l'impulsion. C'est celle-ci qui donne le courage, qui garantit l'avenir, qui redessine l'horizon. L'action de l'État doit être complétée par une politique qui vise à inciter. Inciter à créer, inciter à entreprendre, inciter à participer.

Je pense à notre jeunesse. Elle est au cœur de nos préoccupations car, nous le voyons bien, un certain nombre de dysfonctionnements concernent une petite partie de la jeunesse, qui n'est pas très nombreuse mais n'a pas trouvé sa place pour de multiples raisons. Elle se manifeste par des comportements dérangeants, une violence exacerbée qui s'exprime partout, dans les rues, dans les collèges et les lycées, contre toutes les formes d'autorité, professeurs, gendarmes et policiers, pompiers. Toute manifestation d'ampleur non maîtrisée est suivie d'exactions. Tout rassemblement est gangrené par des heurts. Ces comportements sont en grande partie le fait de mineurs et de jeunes majeurs en rupture, souvent marginalisés. Pour tous ces jeunes qui ne reçoivent pas de réponse adaptée à la gravité de leur comportement, nous ne pouvons pas rester sans réaction. Or, la réponse de la société devant cette détresse et ces comportements inacceptables est très en deçà des enjeux.

Nous n'avons pas de structures adaptées en nombre suffisant pour répondre aux besoins de resocialisation de milliers de jeunes. Notre capacité de traitement en instantané excède à peine 1 000 places alors qu'il en faudrait plusieurs milliers. Et 70 % de ces structures sont gérées par des associations. Quel est le véritable investissement de l'État ?

D'une manière générale, l'évolution de notre société a conduit à réduire les ambitions de la jeunesse à un objectif simple : obtenir davantage de bien-être sans efforts. Or, une vie ne se construit pas sans travail, sans effort et sans dépassement de soi. Ce message-là n'est pas à la mode. Cela dit, l'effort et le dépassement de soi doivent déboucher sur des perspectives et des lendemains meilleurs. C'est exactement ce que nous ne sommes pas capables de leur offrir et qui conduit une partie des enfants, des adolescents et des jeunes adultes à se détacher de notre société. Ils n'y trouvent pas la protection dont ils devraient bénéficier et l'assurance de gagner une place qui leur convienne. En outre, le système éducatif ne les met pas dans les meilleures conditions de réussite. Notre responsabilité est de leur mettre le pied à l'étrier et, en 2017, le sentiment qui prévaut est que nous ne sommes pas au rendez-vous.

Je voudrais aussi m'adresser aux plus jeunes dont je sens à la fois les attentes, la déception et l'éloignement de la vie publique de notre pays. Le désintérêt que manifeste une bonne partie d'entre eux est une réalité qui doit interpeller nos responsables politiques. L'avenir ne peut pas se construire sans ceux auxquels il est destiné. Le devoir de ma génération est de motiver, d'intéresser et d'impliquer les 20-40 ans. À mon sens, ils doivent prendre part au débat public et à la conduite des affaires. S'exprimer sans laisser aux autres le soin de décider pour eux. La résignation des Français au regard de la vie publique est encore plus nettement ressentie chez les 18-25 ans.

Une étude inédite publiée début 2015 bouscule toutes les idées reçues. Les scrutins défilent et le taux d'abstention est en moyenne bien plus élevé que dans les autres tranches d'âge. À l'issue des élections municipales, et après les élections européennes de mai 2014, l'Association nationale des conseils d'enfants et de jeunes (Anacej), regroupant les communes ayant un conseil municipal de jeunes, a commandé une enquête sur le vote des nouvelles générations. Un panel d'un millier de sondés entre 18 et 25 ans, et autant de 15-17 ans, a répondu à un long questionnaire. Les résultats, publiés par *Le Monde* fin 2014, réservent quelques surprises et donnent une idée de l'état d'esprit des jeunes à l'égard de la politique.

La première conclusion concerne les habitudes d'abstention. Contrairement aux idées reçues, un jeune qui s'abstient aux deux premiers scrutins auxquels il pourrait participer devient dans plus de 80 % des cas un abstentionniste chronique. Lorsque les débuts dans la vie démocratique sont ratés, c'est pratiquement perdu pour toujours. À l'inverse, s'il vote lors de ces deux premières élections, il conservera le réflexe de voter – ce qui n'empêchera pas des abstentions ponctuelles, mais globalement, il participera assez spontanément à la vie démocratique. Il y a donc une responsabilité, des parents en particulier, au regard du devoir civique. Celui-ci doit être expliqué et stimulé.

Cette enquête met en évidence un certain désintérêt envers la politique, mais ce qui domine est un sentiment de frustration. Les jeunes expriment le désir de participer mais manifestent de la déception, car l'offre politique est en décalage avec leurs attentes. Déception, donc. Une majorité des 18-25 ans (53 %) impute l'abstention aux politiques plutôt qu'aux abstentionnistes eux-mêmes (18 %). On cite comme principales causes les mensonges des politiques (71 %), le fait que les campagnes ignorent les préoccupations réelles de la population (45 %), puis la malhonnêteté des hommes politiques. La frustration amène certains à envisager des solutions radicales, comme voter aux extrêmes (43 %) ou participer à une manifestation violente (25 %). Ces réactions sont assez conformes au spectacle auquel nous assistons régulièrement en France et à l'étranger sur la participation des jeunes à des mouvements et à des manifestations musclées. Les jeunes n'adhèrent pas aux idéologies existantes, et refusent en particulier d'accorder une totale confiance aux partis traditionnels. Mais ils font état d'idées et de valeurs politiques qu'ils souhaitent défendre individuellement, en dehors des structures établies.

Il y a donc des raisons d'espérer, car il reste des marges de manœuvre pour lutter contre une désaffection qui n'est pas motivée par la politique elle-même, mais par la manière dont elle est pratiquée et par les solutions qui sont proposées. En revanche, l'enquête met en lumière un véritable point d'inquiétude pour l'avenir : 61 % des 18-25 ans et 62 % des 15-17 ans s'attendent à ce que l'abstention des jeunes s'aggrave dans les prochaines années. Selon eux, la démocratie française est en panne. L'est-elle ?

En revanche, contre toute attente, la démocratie européenne, que ces jeunes notent particulièrement mal actuellement (4,7/10), est la seule pour laquelle ils imaginent une amélioration future. L'enquête ne confirme pas que les jeunes votants accordent leur suffrage aux extrêmes. Dans la mesure où ils se désintéressent des partis traditionnels, des analystes en déduisent qu'ils se rapprochent des extrêmes. Ce qui n'est pas du tout le cas, car tous les grands partis, Front de gauche et Front national compris, sont rejetés. Les jeunes votent plus spontanément pour de petites listes, des candidatures non partisanes ou appelant au rassemblement. Aux européennes, les partis fédéralistes UDI-MoDem et Les Verts ont ainsi bénéficié d'un plus grand soutien des jeunes que de l'ensemble de la population.

Enfin, il est clair que les tentatives de remobiliser les jeunes sur la politique nécessitent autre chose qu'un replâtrage du discours. Leur abstention est motivée par un rejet du fond et des solutions proposées qu'ils considèrent inadaptées à leurs préoccupations et à la représentation du monde dans lequel ils vivent.

Cette enquête de 2014 permet de comprendre les attentes et de se rendre compte que les jeunes sont prêts à se lancer dans l'aventure pour peu qu'on leur présente de vraies perspectives qui dépassent les discours électoraux habituels. L'enjeu est considérable pour le pays, car c'est avant tout à eux de s'exprimer sur le projet de société. Contrairement aux idées stéréotypées propagées par méconnaissance ou par dépit, les jeunes sont moins individualistes qu'on ne l'imagine en les voyant absorbés par l'écran de leurs smartphones. Ils sont sensibles aux questions d'avenir de la planète et de solidarité, avant même de citer dans leurs priorités les impôts ou la sécurité.

Les opinions sur les jeunes Français subissent les mêmes tendances que tous les autres sujets de société. Ils sont victimes de jugements marqués par le pessimisme, la résignation et ce réflexe permanent de dénigrement. Nous avons globalement une jeunesse formidable qui souhaite vraiment prendre sa part dans la construction collective. Il faut simplement lui laisser une place et écouter ses attentes plutôt que de lui expliquer comment il faut être, agir et penser et de lui prêter des intentions qu'elle n'a pas. Bien sûr, certains d'entre ces jeunes sont en dehors du système, marginalisés. Il nous faut impérativement prendre en compte cette réalité et arrêter de fermer les yeux sur ce malaise qui s'aggravera tant que nous resterons passifs. J'appelle les jeunes. Je les appelle :

— à reprendre pied dans la vie publique, à interpeller leurs élus, à s'exprimer par le vote, qui est la manière la plus efficace de changer les choses, car elle préserve les acquis en introduisant le changement.

— à ne pas s'abstenir. Si tous les jeunes qui s'abstiennent habituellement prennent le chemin des urnes à l'occasion des prochaines élections pour faire savoir qu'ils veulent un vrai changement, alors nous pouvons retrouver l'espoir.

— à saisir les conditions d'un changement sans passer par la violence et le chaos.

Les jeunes générations doivent faire l'objet de toute notre attention. Nos choix pour l'avenir ne sont pas toujours une réussite, hélas. Je voudrais revenir sur l'un d'entre eux que nous leur laissons en héritage et qui me paraît dangereux. C'est le *principe de précaution* que le législateur a inscrit dans la Constitution en 2005. Initialement envisagé pour éviter les dérapages, en particulier sur le plan de la santé et de l'environnement, cet article a imprégné l'inconscient collectif au point d'être invoqué en toutes circonstances. Lorsqu'il s'agit de risques technologiques, la question des effets différés de certains choix se pose en effet. Il est vrai que les affaires concernant l'amiante ou le sang contaminé ont largement contribué à mettre en lumière cette notion. Qu'avions-nous avant comme protection ? Qu'avons-nous maintenant ? La prudence. Cette vertu irrigue à la fois notre vie personnelle et la vision collective. Associée à la responsabilité individuelle, elle a guidé pendant des millénaires les choix dans toutes les sociétés. C'est encore le souci de tout codifier et l'extrême juridisme qui nous ont conduits à intégrer le principe de précaution au niveau le plus élevé des normes.

Pour quel résultat ? Aucune avancée positive et probablement une manière d'aborder les problèmes davantage marquée par l'appréhension… Ce principe induit un raisonnement intellectuel d'évaluation et de préparation des décisions qui engagent l'avenir, avant toute autre considération. Une sorte de raisonnement qui donne la primauté aux aspects négatifs. C'est extrêmement réducteur et inhibant. Cela correspond au profil des décideurs qui ne souhaitent pas prendre de risques et, surtout, n'assumer aucune responsabilité. Or, la gestion des affaires publiques nécessite de prendre des risques et de les assumer.

La prudence repose sur une méthode et le bon sens, qui doivent guider les choix importants. Pas sur une norme juridique. C'est un raisonnement qui privilégie une vision positive et progressiste.

Le principe de précaution ? Immobilisme et inaction. Un exemple. Pour bloquer certaines études ou avancées, ce principe est régulièrement invoqué, notamment pour les recherches sur le gaz de schiste. La prudence, bien employée, permet d'évaluer la situation en mesurant les avantages, les inconvénients et les risques. C'est une démarche plus équilibrée. Elle permet d'agir sans pression inutile. Le principe de précaution, lui, provoque des dégâts importants, car il sous-entend que l'application de ce principe conduit à une société sans risque.

Notre société connaît un vrai souci de fond dans l'approche de la notion de risque dans tous les secteurs (public et privé) et il n'est pas possible de laisser se développer cette culture de refus du risque. Le risque est inhérent à la vie. Nous ne pourrons jamais l'éliminer, mais il nous appartient de le prendre en compte et de ne pas laisser croire que, par un artifice juridique, il est possible de tout maîtriser. Ne laissons croire cela à personne. Surtout pas à ceux qui nous suivent.

Aussi, n'est-il pas temps de changer de logiciel ? Pour les jeunes, les vieux, les petits, les grands, les pauvres et les riches ? Changeons de gouvernance, voilà le mot d'ordre.

14

Gouverner, c'est prévoir

La gouvernance ? En changer est une nécessité absolue. La politique actuelle se résume trop souvent à la défense d'intérêts électoraux, au manque de courage patent, aux polémiques stériles, aux groupes de pression divers. Peu de vision et pas d'ambition collective, donc.

En 2017, le sentiment général des Français à propos du système et de la vie politique tient en deux mots : désintérêt et résignation. Or, la politique doit répondre aux besoins collectifs des citoyens. Il y a donc une inversion des logiques dont il nous faut sortir rapidement avant qu'il ne soit trop tard. Les dégâts sont déjà considérables. La confiance nécessaire envers les gouvernants n'existe plus. La clarté est absente, les objectifs sont fluctuants en dehors de deux sujets récurrents : les chiffres du chômage et l'augmentation des impôts.

La fâcheuse habitude, désormais ancrée, de gouverner au gré des événements et de décider en fonction des réactions de l'opinion publique est renforcée par les médias, qui jouent souvent un rôle d'accélérateur dans la désagrégation de la pensée politique. Le rythme des événements et leur médiatisation marginalisent ainsi les théories politiques. La culture de l'événement éloigne des vraies valeurs. Les différences entre la droite et la gauche ne sont plus clairement perceptibles et ne suscitent aucun intérêt hormis pour quelques militants. C'est ainsi que, sur le terrain politique, des combats de substitution sont venus troubler la perception de la politique.

J'ai beaucoup de respect pour certains combats : la sauvegarde de la planète et l'écologie, par exemple. Elles ont une importance capitale, mais n'ont pas véritablement de fondement politique. Elles ont leur place dans un projet de société, mais les grands équilibres sociaux et le règlement des difficultés de fonctionnement de notre vie quotidienne me paraissent prioritaires. Se recentrer sur l'essentiel, redéfinir des objectifs clairs et durables sans se laisser influencer par les considérations électorales deviennent une urgence absolue.

Une méthode pragmatique dépourvue de calculs politiciens, des comportements éthiques exemplaires au service de l'intérêt général, voilà le cadre dans lequel doit s'inscrire la conduite des affaires publiques dans notre pays. Beaucoup de réflexions existent et nombre de think tanks expriment des propositions de nouvelle gouvernance. Ils ne font pas toujours recette auprès des hommes politiques en place. Et pour cause. Synopia est l'un de ces « producteurs de pensée » et ses différents rapports suscitent de l'attention et de l'espoir pour celles et ceux qui placent l'intérêt de la France en tête de leurs préoccupations. C'est dans cette direction-là que nos responsables publics ont le devoir de s'engager résolument. Mais certains équilibres et intérêts ne pourront pas facilement s'accommoder d'un tel revirement. Pourtant, c'est le prix de nos difficultés. Il faut redresser la barre d'un navire déjà bien endommagé par la tempête et dont l'équipage n'a pas su sortir.

On a entendu des hommes politiques plaidant pour un « État fort ». Cette expression est un pléonasme. L'État, par essence, est fort. Lorsque le besoin se fait sentir de spécifier qu'il doit l'être, c'est qu'il y a une anomalie. En revanche, la question qui peut se poser en certaines circonstances est sa capacité à *montrer* la force. Mais avant de montrer sa force et de l'utiliser, le préalable est d'afficher sa détermination. La force et la brutalité ne peuvent être au cœur de l'action des pouvoirs publics. Il est essentiel, en revanche, que l'autorité de l'État ne soit jamais écornée et que sa fermeté soit sans faille.

Quelles sont aujourd'hui les manifestations concrètes de la gouvernance de la France ? Ce sont des décisions prises ou des lois votées sans un minimum de préparation. L'exemple le plus emblématique de cette mauvaise gouvernance est la loi sur le travail dite El Khomri. Cette loi a provoqué des réactions, mobilisé des centaines de milliers de personnes qui ont manifesté et affecté la vie du pays pendant de longues semaines. Pourquoi ? Parce que ce texte n'avait pas été suffisamment préparé, et qu'un minimum de dialogue et de concertation n'a pas eu lieu. C'est l'exemple typique d'une gouvernance totalement inadaptée. Résultat ? Le chaos.

Plus prosaïquement, dans le domaine de la sécurité, combien de fois les hautes instances ont-elles demandé aux directions générales de la gendarmerie nationale et de la police nationale de proposer en quelques jours des plans de lutte contre la délinquance, contre les cambriolages, tout simplement par réaction à des événements qui venaient de se produire ? Ces plans n'étaient pas faits pour être efficaces mais pour montrer que le pouvoir prenait des mesures. C'était de la com', rien de plus. D'autant que ceux qui ont été médiatisés existaient déjà dans la pratique et n'étaient qu'un « relookage » de l'existant. Voilà les effets d'une gouvernance que le pays subit depuis de nombreuses années. La pression que les forces de sécurité ont subie sous le quinquennat Sarkozy n'était pas plus saine que celle qui a prévalu sous le quinquennat Hollande. Elle n'était pas de même nature.

Les questions de sécurité ne peuvent pas faire l'objet d'une surenchère permanente en termes d'annonces ou de création de structures, comme ce fut le cas au moment des attentats. Les centres de déradicalisation ou l'État-major opérationnel de prévention du terrorisme (Emopt) n'ont aucune efficacité, quoi qu'en disent les autorités. Ce ne sont que les manifestations d'une gouvernance dictée par d'autres intérêts que l'efficacité. La gouvernance est tout simplement dévoyée. Voire pervertie.

Une des premières incohérences : l'incapacité pour l'État de tirer parti des rapports annuels ou thématiques des organes de contrôle, en particulier la Cour des comptes. Cette institution est chargée de vérifier la bonne exécution des lois de finances de l'État et des lois de financement de la sécurité sociale, de certifier la régularité, la sincérité et la fidélité des comptes et de contrôler le bon emploi et la bonne gestion des fonds publics. Rôle éminent, qui permet aux magistrats de la Rue Cambon de dresser un constat, assorti de mesures pour améliorer la situation. Or, un certain nombre de rapports – pour ne pas dire la quasi-totalité – reste lettre morte. Une étude réalisée par l'Institut de recherches et d'études fiscales (Iref) sur les 73 rapports émis par la Cour des comptes couvrant la période 2007-2012 montre que seulement 7 rapports ont été suivis d'effets en totalité, 35 ont été partiellement suivis d'effets et 31 rapports sont carrément passés à la poubelle. Régulièrement, la Cour met en évidence des dysfonctionnements voire des scandales. Et la vie reprend son cours.

Une des missions des magistrats de la Cour des comptes est d'examiner le financement de la Sécurité sociale. Encore une fois, le constat est sévère. Pour 2017, la Cour incite le gouvernement à réduire « au plus vite » le déficit persistant de l'Assurance maladie. « Revenir au plus vite à l'équilibre est une priorité de première importance », précise le rapport 2016. La réponse du gouvernement, probablement un hasard du calendrier, a été immédiate. Le ministre de l'Économie a relevé à 2,1 % la progression des dépenses de santé pour le budget 2017. Soit un effort financier supplémentaire de 700 millions d'euros ! Cette augmentation correspond à la revalorisation des revenus dans la fonction publique hospitalière et du prix de la consultation des généralistes. Le déficit de la branche maladie de la Sécurité sociale s'élevait à 5,8 milliards d'euros en 2015 et les perspectives pour 2017 avoisinent les 6,5 milliards d'euros.

Mais d'autres turpitudes sont révélées. Exemple : la gestion des ressources humaines. Gérer des milliers d'employés n'est jamais chose aisée. Mais dans le cas de la Sécurité sociale, quelle débâcle ! Avec des agents plus souvent absents que la moyenne, malgré un temps de travail inférieur, quelle gabegie ! Des effectifs ramenés à 146 000 en 2015 – après une baisse de 17 000 – en raison de la « dématérialisation croissante des processus de gestion des activités », certes. Mais la Cour pointe que le temps de travail des agents de la Sécurité sociale est un véritable mystère. Personne n'a une idée précise de leur temps effectif. La Cour des comptes s'est donc livrée à une estimation, peu flatteuse. Un agent travaille en moyenne 1 540 heures par an. C'est 50 heures de moins que la moyenne du secteur public et c'est inférieur aux 1 607 heures annuelles de la semaine de 35 heures ! Mais comment font-ils pour travailler aussi peu ?

L'absentéisme est également un mal endémique. Mais comment mesurer cette maladie ? L'outil statistique attend une mise à jour depuis trois ans ! La Cour a donc fait à nouveau ses calculs, qui donnent les résultats suivants : « Le taux d'absentéisme, tous motifs confondus, s'élevait en 2014 à... 8,9 %. » Un comble pour un organisme d'assurance maladie, les seules absences « pour maladie », à l'exception de l'Urssaf, sont supérieures de 2 points au reste de la fonction publique ! La nouvelle série de recommandations, qui fait essentiellement appel au bon sens, sera-t-elle suivie d'effets ? Ne rêvons pas. Le sommeil est si agréable...

Autre sujet traité régulièrement par la Cour : le régime social des indépendants (RSI). Rappelons que ce régime a été créé en 2006 de manière un peu précipitée par la fusion de trois caisses de protection sociale et assure la couverture maladie des professionnels libéraux, des artisans et des commerçants, et gère la retraite des artisans. Ce sont près de 10 % des Français, soit 6,1 millions de personnes, qui sont directement ou indirectement rattachées au RSI. Dès 2012, la Cour des comptes mettait en évidence ses dysfonctionnements en observant des défauts d'encaissement évalués à 1,4 milliard d'euros entre 2008 et 2010. Elle constatait des appels de cotisations erronés, des encaissements non pris en compte ou encore des droits à la retraite pas à jour pour près de 40 % des affiliés. 40 % ! Ce sont des milliers de Français en difficulté... Cette désorganisation a de graves conséquences financières et provoque une multiplication de procédures de la part des usagers, environ 24 000 par an. Le système d'information est défaillant, notait la Cour, qui employait à l'encontre du RSI le terme de « catastrophe industrielle » et soulignait « des coûts par agent plus élevés que les autres régimes ». Le Premier ministre de l'époque, Manuel Valls, résumait la situation : « Le

RSI est un désastre. » Deux rapports parlementaires sont venus compléter le constat de la Cour.

Que s'est-il passé depuis ? Rien, ou si peu. Comme d'habitude. Les indépendants sont dans la rue et manifestent contre un système encore peu efficace. Comment un organisme peut-il être performant alors qu'une grande société informatique qui livre au RSI des centaines d'ordinateurs par an pour plusieurs millions d'euros constate que ceux qui ont été livrés l'année précédente *n'ont pas été déballés et mis en service* ? Oui, pourquoi se servir d'ordinateurs, alors qu'on est si bien à ne rien faire ? C'est de la paresse, de l'incompétence ou de la désorganisation. Peut-être les trois à la fois.

Autres points douloureux : le Conseil économique social et environnemental (CESE), la Banque publique d'investissements (BPI) ou France Télévisions.

Le cas du CESE est emblématique. Ce conseil, dont l'existence même pose question, est régulièrement épinglé par la Cour des comptes. Les recommandations tiennent au contrôle par l'État du budget de cette instance et à la question du temps de travail et des indemnités des 140 agents répartis en quatre corps de fonctionnaires. Ceux-ci bénéficient de « primes et indemnités, certaines sans équivalent dans la fonction publique », commente la Cour en citant l'indemnité de séance, les primes de départ à la retraite, de naissance, de mariage, de vacances ou de fin d'année. Pourquoi pas une indemnité de cinéma, de sortie du vendredi soir ou de PMU ? Pourquoi s'arrêter en si bon chemin ? Quant au budget du CESE, qui est de 41 millions d'euros par an, il bénéficie d'un régime surprenant : il n'est pas soumis au contrôle budgétaire des dépenses. La Cour a demandé à plusieurs reprises de revenir à la norme. Sans résultat, évidemment. Ce retour à l'orthodoxie se justifierait d'autant plus que le régime de retraite des 233 conseillers est déficitaire. Mais voilà : ces conseillers sont tous issus d'organisations patronales, de syndicats, d'associations, ou sont des personnalités récompensées pour services rendus. On ne va pas tout de même indisposer ces gens-là. Ils tiennent à leurs privilèges. On les comprend : la gamelle est bonne.

Pour la Banque publique d'investissements (BPI), la Cour révèle en 2016 le résultat d'une gouvernance technocratique : un bénéfice divisé par deux en 2015 avec des marges indigentes sans commune mesure avec le volume d'activités, et des salaires parmi les plus élevés de la fonction publique. Le manque de performance évident n'a pas empêché en 2015 une hausse de salaire de 23 % pour les 28 cadres dirigeants chargés de cette activité. Pourquoi se gêner ? L'argent est là, prenons-le ! La rémunération actuelle de ces supercadres se situe à un niveau moyen de 245 000 euros annuels. Les notes de frais et de transport laissent rêveur et le parc de véhicules coûte à lui seul près de 7 millions par an… Cela ne fait rire personne. C'est notre argent.

Quant à France Télévisions, la Cour met en évidence en 2016 la dérive de la masse salariale, qui a augmenté de 13 % entre 2009 et 2015, malgré une baisse d'effectifs de près de 10 000 emplois permanents. Elle exhorte l'entreprise à sortir de l'impasse financière par des mesures structurelles fortes. Autant dire que la tâche sera rude. La télé, un gouffre financier…

Tous ces exemples pris à part les uns des autres ne restent que des épiphénomènes, mais reliés entre eux et considérés dans leur ensemble, cela donne une idée de la gouvernance et des situations anormales qui sont constatées. En règle générale, les ministères et organismes auxquels s'adressent les rapports de la Cour des comptes répondent que précisément les problèmes signalés étaient déjà identifiés au moment de l'audit et ont été réglés depuis longtemps... Noyez les empêcheurs de tourner en rond par des tonnes de papier. C'est la règle d'or pour ne rien faire. Bien souvent, l'État somnole. Ne le dérangeons pas.

Le manque de réaction de l'État à la suite des conclusions d'une institution dont la vocation est le contrôle est un mystère. Ce sont des signes d'une gouvernance déficiente. Dès lors, comment demander aux Français des efforts supplémentaires ? Les rapports de la Cour des comptes devraient être accompagnés de la désignation de deux parlementaires chargés de suivre la mise en œuvre des recommandations. Il serait utile d'assortir ce suivi de pouvoirs contraignants. La carotte, c'est bien. Mais le bâton, ça marche à tous les coups.

15

L'impunité

Il est temps de dire quelques mots sur une politique publique totalement décalée de la réalité depuis près de quarante ans : la politique de la ville. Là, on atteint des sommets de ridicule. Des incapables ou des marionnettes s'y sont succédé et, malgré la présence ponctuelle de responsables qualifiés (Jean-Louis Borloo, Claude Bartolone, André Laignel), on a parfois eu l'impression d'un ministère attribué pour donner un os à ronger à certains. Présentée comme un remède miracle dans le courant des années 1970, la politique de la ville est un échec retentissant qui se perpétue.

Comme souvent, partant d'un constat indiscutable, les pouvoirs publics ont imaginé un fonctionnement en partenariat avec les collectivités territoriales et le milieu associatif. L'objectif était de revaloriser les zones urbaines en difficulté, et de donner une chance de développement harmonieux à des quartiers déjà très marqués par l'exclusion et les difficultés économiques. Un certain nombre de dispositifs se sont empilés : les zones urbaines sensibles (ZUS), les zones de redynamisation urbaine (ZRU), les zones franches urbaines (ZFU), le programme national de rénovation urbaine (PNRU), tout cela étant encadré par les contrats de ville, les contrats urbains de cohésion sociale et ponctué d'opérations diverses, de multiples rapports, de missions et de lois successives depuis le début des années 2000. Quelle agitation ! L'empilement des dispositifs, aggravé par les décisions à l'emporte-pièce, a privé cette politique de la cohérence dont elle aurait dû bénéficier. Le travail de fond a été négligé au profit des annonces politiques et médiatiques.

La politique de la ville ? Un écran de fumée qui met en place des dispositifs dont personne n'évalue l'efficacité avant d'en changer ou d'en prévoir d'autres. C'est aussi un véritable tonneau des Danaïdes. L'État déverse des sommes colossales – encore une fois, c'est notre argent ! – sans jamais contrôler la pertinence des actions menées par tous les partenaires locaux et associatifs. Le coût pour la collectivité est dément. En 2015, la loi de finances prévoyait 450 millions d'euros pour la politique de la ville, mais la Cour des comptes indiquait en 2012 dans un de ses rapports : « L'analyse de l'évolution de ces crédits est rendue difficile par de nombreux changements de périmètre de l'enveloppe d'une année sur l'autre. » Pardon ? « Changements de périmètre de l'enveloppe » ? C'est une notion nouvelle ? Un concept philosophique ? Encore une expression qui démontre que la vérité est difficilement atteignable.

Autrement dit, on complexifie les choses pour éviter d'évaluer la pertinence des dépenses. Tout cela n'est pas sérieux. On entend encore certains commentaires lénifiants sur les effets de cette politique menée successivement par la majorité et l'opposition. Certes, il y a des réussites, notamment au niveau des associations dont les responsables et les bénévoles font un travail formidable. Mais à quel prix ? Même si quelques actions ont été marquées par un succès relatif, la situation des quartiers concernés par la politique de la ville n'a pas évolué.

Quel est le résultat en 2017 ? Personne ne le sait et l'évaluation est malaisée, car le paysage est très fluctuant. Mais laissez-moi vous dire. Plus de 750 zones urbaines sensibles et près de 2 500 quartiers dotés de contrats urbains de cohésion sociale ont été transformés en 2015 en 1 296 quartiers prioritaires bénéficiant de 390 contrats de ville (c'est dur à suivre, je sais, mais c'est l'Administration). Cela représente 5 millions d'habitants. Selon le rapport 2015 de l'Observatoire national de la politique de la ville, dans ces 1 296 quartiers, quelques chiffres résument l'efficacité de la politique de la ville dans les agglomérations concernées. Ils sont édifiants : 27 % de la population y est au chômage alors que la moyenne dans le reste de l'agglomération est de 10 %. Les jeunes de moins de 30 ans, ne suivant pas d'études ou de formation, et n'ayant pas d'emploi, représentent 36 %, contre 17,4 % dans le reste de la ville. Belle réussite. Comment imaginer, avec un bilan pareil, qu'il n'y ait pas de réactions et que ces quartiers ne soient pas le foyer de ressentiment, de rejet et de conduites délinquantes voire criminelles ? Les artifices utilisés par les rédacteurs de ces rapports sur le profil des populations de ces quartiers sont d'une grande inventivité. Le rapport de 2015 est de ce point de vue emblématique du déni dans lequel une certaine élite intellectuelle se complaît. Il y est précisé que la *population étrangère* atteint un niveau de 18,6 % dans ces quartiers. Le petit détail qui manque concerne le pourcentage de *population d'origine étrangère* et on atteint alors des scores qui avoisinent selon les secteurs entre 70 et 80 %.

C'est une lecture de la réalité un peu différente qui permet d'analyser la situation avec un plus grand réalisme et surtout elle doit permettre de faire un vrai diagnostic. La politique de la ville, c'est quarante années de déni et de solutions imaginées par des technocrates et plaquées sur le terrain. Les dizaines de milliards d'euros dépensés parfois en pure perte pendant des années n'ont pas suffi à acheter la paix sociale. Car la paix sociale ne s'achète pas, elle se construit et elle se gagne. Or tout au long de ces années, une bonne partie des centaines d'unités de gendarmerie dont j'ai eu la responsabilité étaient confrontées à cette réalité des quartiers défavorisés. À quelques exceptions près, les retours sur la pratique des dispositifs étaient très décevants, car tous les partenaires n'étaient pas prêts à renoncer à leur propre logique pour construire une démarche collective partagée. Les intérêts des uns et des autres étaient rarement convergents.

Depuis une dizaine d'années, le gouvernement a mis en place des « préfets à l'égalité des chances », qui sont chargés de mettre en œuvre la politique de la ville. Or, les résultats dans ces zones ne sont pas au rendez-vous puisque le revenu officiel des ménages dans les quartiers prioritaires est en moyenne inférieur de 30 à 50 % au revenu moyen dans le reste des villes concernées. En plus de dix ans, la politique de la ville n'a pas eu d'impact sur l'« égalité des chances ». Quel bilan l'État en tire-t-il ? Aucun. Zéro.

Ce vide n'empêche pas la machine de continuer à se complexifier. Le 27 janvier 2015, un décret institue trois nouveaux organismes – le Conseil national des villes (qui comprend 4 collèges différents de 12 membres chacun, soit 48 membres…), un Conseil interministériel des villes et l'Observatoire national de la politique de la ville – qui s'ajoutent notamment au Commissariat général à l'égalité des territoires. Autant dire que dans ce foisonnement de conseils, comités et autres organismes, la responsabilité est diluée et la prise de décision n'est pas forcément l'objectif recherché.

Le sens de l'action de l'État n'est ni clair ni lisible. Au risque de paraître simpliste, il devient urgent de clarifier les choses et de mettre en place des outils efficaces regroupés sous l'autorité d'une seule entité directement rattachée au Premier ministre et disposant d'une marge de manœuvre et d'un pouvoir de décision. La concentration du pouvoir de décision est en effet le mouvement inverse de ce qui se pratique habituellement. Or, pour être efficace, il faut en revenir aux principes fondamentaux bien connus : un chef, une mission, des moyens. En somme, exactement le contraire des pratiques de nos hommes politiques depuis des décennies.

La situation catastrophique de certaines zones du territoire français en termes de sécurité, de cohésion sociale et de niveau de vie exige une réponse structurée et cohérente avec une unité de pilotage et de coordination. Les outils existent, mais ils sont noyés dans une nébuleuse et empêtrés dans des considérations qui n'ont rien à voir avec l'efficacité. Avant tout, il faut le choix d'une méthode. Celle du pragmatisme. Définir une ligne de conduite et des objectifs sur le moyen et le long terme et s'y tenir est un préalable incontournable. Parce que quarante ans d'échecs patents dans les territoires défavorisés ne vont pas se régler en quelques mois.

Une petite oasis cependant : l'Agence nationale de rénovation urbaine (Anru), qui est parvenue à faire disparaître certaines barres d'immeubles dont la conception était un cauchemar à la fois pour la vie quotidienne et la sécurité des habitants des quartiers. Cela ne résout pas toutes les difficultés, mais apporte une amélioration sensible.

Soyons francs : l'« égalité des chances » est une chimère tout comme l'« égalité réelle ». Ces appellations issues de cerveaux qui n'ont jamais connu que les beaux quartiers sont dangereuses. Elles déclenchent dans l'inconscient collectif et le comportement individuel des réactions revendicatives et exacerbent le sentiment de victime qu'éprouvent ceux qui sont directement concernés. Cette manière de traiter les difficultés de la société est clivante. D'un côté les « victimes » du système pour lesquelles sont mis en place des dispositifs d'aides financières, et de l'autre tous ceux qui finissent par se sentir coupables d'une situation qu'ils subissent également. Il faut y mettre fin. Habituellement, les échecs servent à bâtir. Dans notre pays, de manière très surprenante, on s'enferre, et on ne tire pas parti des expériences malheureuses. Souvent au nom d'une idéologie mal comprise ou d'un dogmatisme d'un autre âge.

Un résultat issu de l'inanité de la politique de la ville se trouve dans la pratique des voitures et parfois des bus de la RATP incendiés, comme en octobre 2015. Une habitante de La Courneuve, en région parisienne, commentait cet événement, avec un timbre de voix marqué à la fois par la peur, le dégoût et le ras-le-bol, en disant qu'après les poubelles, les voitures, les autobus, ce seraient peut-être les bâtiments. Ce mode d'expression par le feu est révélateur d'un état d'esprit destructeur de certains de nos jeunes compatriotes qui n'ont trouvé que cette voie pour manifester leur colère et le rejet de notre modèle.

En qualité de chef opérationnel à Toulouse, puis de directeur des opérations de la gendarmerie, j'ai suivi la manière dont était considéré et traité ce phénomène sur les plans politique et judiciaire. Il faut avant tout préciser que le nombre de véhicules incendiés chaque année en France entre 2008 et 2015 oscille entre 35 000 et 40 000 et que, depuis 2013, la tendance est à la baisse. Certains prétendent que dans ce volume figurent des escroqueries à l'assurance, mais globalement ces chiffres, validés par l'Observatoire national de la délinquance et de la réponse pénale (ONDRP), correspondent à des « violences urbaines ». L'ONDRP relève qu'il est difficile d'évaluer avec précision les dégâts. Car ceux-ci ne font pas l'objet d'un comptage statistique spécifique. Or, tout délit représentant plus de 30 000 faits par an avec des conséquences très sérieuses sur l'ordre public doit à l'évidence faire l'objet d'une comptabilité afin de mesurer son ampleur et sa localisation. C'est une manière efficace de combattre la délinquance.

Mais la réalité n'est pas toujours la bienvenue. Je l'ai personnellement constaté en particulier lors des nuits de la Saint-Sylvestre pour lesquelles la remontée des chiffres vers le ministère de l'Intérieur et les autorités politiques révèle une grande sensibilité sur les critères à retenir mais également une grande frilosité et beaucoup d'hypocrisie. Comment expliquer autrement les consignes que certains faits commis après telle heure ne soient pas pris en compte, ou les questions de certains conseillers de cabinet sur la validité du comptage des véhicules incendiés « accidentellement », par « proximité avec celui ayant fait l'objet du tir de cocktail Molotov » ?

En dehors de cet aspect révélateur de l'approche politique de ces actes de délinquance dont il faut souligner la gravité, quelle est la réponse de l'État en particulier sur le plan judiciaire ? Elle est quasi inexistante à ce stade et, au grand dam de l'ONDRP, absolument pas mesurable. Comment imaginer que, dans un pays où on brûle volontairement plus de 30 000 véhicules par an, il n'y ait pas une réponse à la fois ferme et immédiate ? Cette situation difficilement acceptable dans un État de droit s'explique par un manque cruel de moyens pour la justice mais également une politique pénale déficiente. L'interpellation immédiate des auteurs de ces faits s'impose. Or ce ne sont pas toujours les consignes qui sont données et parfois les magistrats ne sont pas très enthousiastes pour se saisir immédiatement des dossiers. C'est aussi une question de politique pénale qui doit être imposée par l'exécutif. Or, en termes de politique pénale, il faut observer avec inquiétude que l'idée de l'indépendance du parquet progresse dans les esprits après avoir progressé dans la pratique. Assurer un bouclier contre les éventuelles interventions de l'exécutif dans le fonctionnement du parquet relève de l'évidence, mais pour autant la chaîne hiérarchique, du garde des Sceaux aux substituts et auditeurs de justice, dans l'application des orientations du gouvernement ne saurait être sacrifiée. Sauf si on veut encore dégrader la qualité et la cohérence de la réponse de la société en direction des délinquants. Sauf si le lien de confiance entre la justice et les Français est considéré comme secondaire. Non seulement il faut conserver la subordination hiérarchique du parquet, mais il faut obtenir une application stricte des orientations de politique pénale afin qu'elles soient réellement mises en œuvre sur le terrain.

Pour en revenir aux plus de 30 000 véhicules volontairement incendiés, la « compétition » étant quasiment organisée pour la nuit du 31 décembre au 1er janvier avec communication et médiatisation des résultats, il est temps de réagir pour deux raisons essentielles.

La première est que ces agissements provoquent des désordres graves dans des quartiers déjà bien fragilisés où les habitants n'aspirent qu'à vivre paisiblement. Ils ont un effet désastreux sur l'état d'esprit et le moral de ces dizaines de milliers de citoyens qui subissent et constatent l'inaction et l'absence de réponse de l'État. Et que dire des consignes qui sont données aux forces de l'ordre pour qu'il n'y ait aucun affrontement et aucun blessé chez ces délinquants qui défient l'autorité ? Instructions qui inhibent les gendarmes et les policiers. C'est à nouveau le manque de courage des responsables de l'exécutif et de certains magistrats. Ils sont frileux pour poursuivre si les enquêtes ne sont pas « bordées dans tous les sens », ce qui, dans ce cas de figure, est quasiment impossible. Donc chacun se réfugie derrière ses propres justifications techniques ou d'opportunité. Or comme disait Churchill : « Là où se trouve une volonté il existe un chemin. » À rebours, là où il n'y a pas de volonté, il n'y a pas de voie. Il n'y a que de l'aveuglement.

Il faut réagir pour une seconde raison. Ces 30 000 incendies privent autant de Français de leur véhicule, dont ils ont cruellement besoin notamment pour aller travailler. Pour les plus démunis d'entre eux, le remboursement des assurances à la valeur du véhicule ne permet pas d'en racheter un autre. C'est donc une précarisation supplémentaire des plus fragiles d'entre nous et mon sentiment est qu'un tel résultat, à cause de l'inaction, est à la fois humainement et socialement inacceptable.

Sur ces sujets, il est temps d'agir vigoureusement et de traiter de telles situations au prix, s'il le faut, d'une confrontation avec ces délinquants. Sinon ils finiront par devenir des assassins en puissance – comme à Viry-Châtillon. Certes, il y a un risque de dégâts humains de part et d'autre, mais on ne cesse de répéter que nous sommes en guerre. Tirons-en les conclusions. Ensuite, il est capital d'avoir la certitude que les suites judiciaires ne seront pas en défaveur de ceux qui risquent leur vie pour assurer la sécurité dans notre pays. De ce point de vue, sans verser dans l'excès, il est nécessaire d'assurer un plus grand soutien aux forces de l'ordre. Je parle de celui des autorités hiérarchiques et politiques. En plusieurs occasions et en dernier lieu dans mes fonctions, il m'a fallu mettre toute mon autorité pour défendre mes subordonnés à Mayotte ou ailleurs pour éviter des réactions ou des décisions totalement décalées de la réalité. Comment imaginer prendre des sanctions contre un sous-officier ayant fait usage de son arme alors qu'il était menacé ? Cela arrive encore, j'en témoigne.

La gouvernance s'évalue également à l'aune de certaines pratiques de la vie politique qui posent des questions de principe. La vie publique exige une certaine exemplarité. Je ne parle pas de questions privées, bien que là aussi certains commentaires soient possibles mais pas forcément utiles. Lorsqu'on a choisi de participer à la conduite des affaires publiques, tout n'est pas permis. Qu'il s'agisse de l'affaire Cahuzac, des poursuites dont Patrick Balkany est l'objet, des pratiques contestables de François Fillon, des faits qui sont reprochés à Nicolas Sarkozy dans l'affaire Bygmalion, des indélicatesses de Claude Guéant, de la situation de Marine Le Pen avec ses assistants au Parlement européen, rien ne devrait être toléré. Il faut laisser la justice faire son œuvre.

L'exposition médiatique exige de la prudence, de la réserve et le respect de certaines règles. Or l'impression qui se dégage ces dernières années est exactement à l'opposé. Les citoyens ont absolument besoin d'avoir un minimum d'estime pour ceux à qui ils confient la gestion de la collectivité. Cette reconnaissance, cette affection parfois, pour les responsables politiques a pratiquement disparu et, avec elles, le minimum de degré de confiance pour ceux qui gouvernent. On nous parle de la « République irréprochable » et c'est l'inverse qu'on nous présente. Nous ne voulons pas d'une République reprochable. C'est, me semble-t-il à la lumière des échanges avec des milliers de personnes ces derniers mois, un élément central de la désaffection des Français pour la politique. Lorsqu'on a choisi de participer à la conduite des affaires publiques, le service du pays devient une priorité et prend le pas sur toute autre considération. Mais rien n'indique que cette idée soit partagée par la majorité de celles et ceux qui ont choisi un tel engagement.

Ainsi, il existe des anomalies intolérables. La première d'entre elles est une bizarrerie qui fait que certains parlementaires et des ministres jouissent d'une double nationalité – il existe même une sénatrice qui dispose d'une triple nationalité, française, israélienne et turque ! Lorsqu'on est amené à voter des lois et à prendre des décisions, comment peut-on avoir un lien avec plusieurs pays ? Lequel d'entre eux sera la référence de ces politiques binationaux ? Leur loyauté ira vers quel pays ? La clarté exige un choix. C'est une question de principe. Cela ne remet pas en cause le principe de la binationalité, mais l'exercice d'une fonction élective ou de responsabilités ministérielles ne s'accorde pas d'une telle ambiguïté. Lorsqu'on n'est pas capable de faire un choix pour sa situation personnelle, comment le pourrait-on pour les affaires du pays ?

16

L'heure sonne

Il nous faut retrouver… la passion. Passion pour entreprendre, passion pour croire en l'avenir, passion pour réaliser des projets. Mais la passion ne peut s'inscrire que dans un contexte permettant aux talents de s'exprimer. C'est l'État qui doit favoriser l'émergence de conditions optimum pour tous ceux qui ont choisi de participer au destin qui nous lie. Il doit le faire en valorisant nos atouts, en encourageant les initiatives et surtout en préservant l'avenir des plus jeunes.

Mais c'est aussi à chacun d'entre nous de construire au quotidien cette société que nous appelons de nos vœux. Bâtir, oui, mais pas en niant ce qui fait l'originalité de la France. Notre liberté, tout d'abord, dont nous usons parfois de manière sectaire ; notre inventivité ensuite, qui se heurte aux tendances à l'immobilisme par pur souci de confort ; notre modèle social enfin, qui attire tant de convoitises.

Les Français aiment leur pays d'une manière très particulière, avec une tendance au dénigrement qui les conduit parfois à des attitudes et à des commentaires autodestructeurs. La capacité de critique est une qualité – si elle reste mesurée et ne s'exprime pas systématiquement. Elle doit s'accompagner de la volonté de participer activement à l'émergence d'une vie meilleure. Un des moyens les plus efficaces pour le faire est de l'exprimer dans les consultations électorales. L'offre politique n'est aujourd'hui pas satisfaisante, certes. Mais l'expression du peuple permet de changer la donne et de disqualifier ceux qui nous ont conduits dans la situation d'aujourd'hui.

Nous sommes en chemin, celui du renouveau de la participation citoyenne, celui d'une autre politique, celle qui privilégie l'intérêt du pays et de ses nombreux atouts.

Il n'est jamais trop tard pour la France.

RÉVEILLONS-NOUS !

Abécédaire de l'autorité

De l'art d'être chef !

Qui, au moins une fois dans sa vie, n'a pas rêvé d'être chef, de donner des ordres pour être obéi afin de ne plus supporter les humeurs changeantes de son supérieur, et de pouvoir organiser le travail d'une manière plus cohérente et plus efficace ? Être chef, manager, avoir des responsabilités, les exercer avec plus ou moins de bonheur, avoir conscience des effets de sa propre autorité sur ses collaborateurs et ses subordonnés, entretenir une certaine harmonie au sein du groupe dont on a la charge, autant de défis dans une société marquée par l'individualisme et la stratégie personnelle. La France est tout particulièrement marquée par la culture du chef. En effet, la densité de chefs au mètre carré est probablement la plus élevée de toute l'Europe. Ce constat est confirmé par l'existence d'une multitude de titres, de présidents ou de directeurs existant dans la vie publique et sociale. Toutes les associations « loi de 1901 », les sociétés de chasse, de pêche, de bienfaisance, les œuvres caritatives, les clubs services, les clubs sportifs désignent statutairement un président. Il y a overdose de présidents.

Les collectivités territoriales, conseils départementaux, conseils régionaux, assemblées territoriales, les communautés de communes, les syndicats intercommunaux élisent un boss. Les tribunaux judiciaires et administratifs de tous niveaux, les chambres consulaires comptent également un nombre important de têtes d'affiche (de chambre, de section, de cour d'assises). Les directeurs ne sont pas en reste, car notre Administration en fourmille dans les services déconcentrés de l'État, au niveau départemental et régional et dans les ministères parisiens. Il convient de rajouter à cette liste non exhaustive les directeurs de société, présidents de directoire ou de conseil d'administration et autres présidents-directeurs généraux d'entreprise ou de groupe.

La liste débute par le chef de l'État et se termine par le chef d'équipe et le chef suprême, en passant par le chef d'orchestre. N'oublions pas le chef de file, le chef de projet, le chef de rang, le chef de classe, le chef de gare, le chef scout, le chef de bureau, le chef spirituel, le chef de bande, le rédacteur en chef, le chef de produit, le chef de piste, le chef de chœur, le chef de protocole, le chef de cabinet, le chef de guerre, le chef mécanicien, le chef cuisinier, le chef de rayon, l'adjudant-chef, le chef de famille, le chef d'entreprise, le général en chef, le chef de tribu, le chef de quart, le chef de patrouille, le chef de gang, le chef d'état-major, le chef pilote et le chef de bataillon. La liste est infinie. C'est à croire qu'il y a plus de chefs que de subordonnés !

Quoi qu'il en soit, l'exercice de l'autorité, quel que soit le niveau où celle-ci se pratique, ne peut pas s'improviser et obéit à un certain nombre de principes qui ne sont pas toujours connus ou maîtrisés.

Ceux qui s'apprêtent à embrasser une carrière qui les conduira vers les responsabilités pourront probablement tirer profit de quelques-unes de ces pages. Pour celles et ceux qui les exercent déjà depuis un certain temps, cela peut être l'occasion de voir les choses sous un angle nouveau ou de confirmer leurs propres convictions.

Chef ? Un drôle de métier, a dit Dieu.

A pour Autorité

L'autorité se définit en premier lieu comme « le droit de commander et le pouvoir d'imposer l'obéissance ». Commander et imposer l'obéissance demeurent en effet le but et la raison d'être de tout chef, mais avec le temps et la modernité, les relations d'autorité ont sensiblement évolué. Ceux qui sont restés campés sur cette définition et son application stricte doivent se réveiller sans tarder.

Un chef charismatique est probablement l'idéal. En ce domaine, hélas, l'égalité n'existe pas. L'autorité naturelle ne s'acquiert pas. Cependant il faut être convaincu qu'elle ne peut se dispenser de la compétence. Elles sont indissociables. Le charisme sans compétence peut rapidement devenir de l'escroquerie... Et Dieu sait s'il y a des escrocs dans la pyramide sociale !

Dans notre pays, il existe de ce point de vue des comportements totalement aux antipodes de cette règle fondamentale : pour commander, il faut avoir été commandé. Certains chefs ne savent pas ce qu'est obéir, ce qui crée des situations particulièrement complexes dans des systèmes qui sont conçus pour être performants. S'il veut être obéi, un chef doit lui-même montrer que dans l'organisation il met en œuvre les directives qu'il reçoit.

On ne peut jamais exiger des autres ce qu'on ne fait pas soi-même. Or, combien sont-ils, ceux qui imposent aux autres ce qu'ils ne s'imposent pas à eux-mêmes ? C'est le syndrome Cahuzac, ou la maladie Fillon.

De plus, en France, chacun veut être chef. Il y a bousculade dans la capitainerie. Peut-être devons-nous envisager un syndicat des chefs ? Tous chefs : l'assurance du chaos.

B de Bienveillance

Contrairement aux idées toutes faites (qu'un chef doit impérativement éviter), la bienveillance, cette disposition si particulière de l'esprit, n'est pas de même nature que le paternalisme, dans lequel le milieu de l'entreprise a baigné au XIXe siècle.

Il ne faut pas confondre bienveillance et faiblesse. D'une part, celui qui dissimule sa ou ses faiblesses sous une pseudo-bienveillance ne peut pas durablement exercer des responsabilités. D'autre part, la bienveillance n'empêche nullement de dire à ses collaborateurs des choses parfois peu agréables, à condition de le faire avec quelques précautions.

La pire des solutions : la démagogie. C'est la méthode des faibles. Elle ne règle rien et se solde toujours par la cacophonie et la chienlit.

Il est un autre excès qu'il est préférable d'éviter : l'extrême gentillesse naturelle dont certains n'hésiteront pas à profiter sous une forme ou une autre. Le gentil est comme la fleur de lotus piétinée par les démons de l'ouragan, a dit Confucius. Ou, s'il ne l'a pas dit, il aurait dû.

C pour Commander

Il ne peut y avoir de commandement efficace sans autorité. Dans un tel cas il s'agirait d'une illusion ou d'une parodie. Cependant, « commander » est un verbe connoté et beaucoup de tentatives au cours de l'histoire moderne se sont succédé pour le remplacer.

Cette connotation a pour origine, *a priori*, ceux qui exercent le commandement depuis toujours : les militaires. En effet le commandement de type militaire a été le premier à exister, la guerre ayant constitué pendant des siècles l'activité principale de l'humanité. Et ça continue...

Cette vision du commandement purement militaire a longtemps suggéré à la fois sévérité, voire autoritarisme, autorité formelle, caricaturale et souvent ouverture d'esprit limitée.

Des générations de conscrits assignés à des tâches ingrates (« Vous jouez du piano ? Corvée de vaisselle ! ») ont eu en face des détenteurs, pas toujours éclairés, d'une certaine autorité. Or, commander ne se résume plus depuis longtemps à aboyer des ordres, à fustiger les récalcitrants et à couper court à toute discussion.

C'est probablement sur la base de ce malentendu que le chef dont le rôle est avant tout de planifier, de prévoir, d'organiser et de décider s'est transformé successivement, au gré de la mode anglo-saxonne notamment, en dirigeant, leader ou manager. C'est une évolution : le chef est donc devenu *chief* ?

Le *commander-in-chief*, quel que soit le pays, c'est le président, le roi, l'empereur ou le *capo di tutti capi*. Il peut être caricatural – exemple : Trump. Ou inquiétant : Poutine.

Entre les deux, il y a le président de la République française, chef des armées et de la nation. Nous sommes un pays d'équilibre et d'harmonie, n'est-ce pas ? Il nous arrive de couper la tête du boss, mais, dans l'ensemble, nous, Français, aimons être commandés. Avec mesure.

Chef, en France, c'est aussi le terme qui désigne le maître de cuisine, celui qui fait les petits plats. J'aime bien cette idée.

E pour Exemple

« Faites ce que je dis, pas ce que je fais. » Exactement. C'est la règle d'or. Qu'il s'agisse de régime, d'adultère, de casino ou de taxes, les exemples sont nombreux. Les politiques ont transformé cet adage en règle absolue. Il est temps d'y mettre fin. À regret, certes, mais quand même. Car, soyons sérieux, exercer des responsabilités, c'est avant tout comprendre et admettre que le chef se trouve en position permanente d'observé et toutes ses attitudes, ses réactions et sa manière d'être sont systématiquement commentées.

Être un point de mire permanent exige des qualités personnelles pour assumer le regard des autres et parfois leurs réactions. La manière la plus évidente de gérer cette situation consiste à prêter le moins possible le flanc à la critique – pas facile ! –, sachant qu'y parvenir de manière satisfaisante relève du miracle.

Dans le milieu militaire, pour convaincre les jeunes cadres de la valeur et de la nécessité de l'exemple, les instructeurs ont coutume de dire : dans la difficulté, lorsque le chef est debout, les hommes sont assis et lorsqu'il est assis, la troupe est couchée. Cette image, à peine exagérée, permet de faire comprendre que le savoir-être du chef est capital pour le comportement des subordonnés et des collaborateurs.

Mais, en ce domaine, il n'existe pas de recette miracle ou de méthode particulière. Il suffit, à l'aide de sa propre personnalité, de se comporter avec lucidité, simplicité, mesure mais également avec rigueur, bien que ce terme véhicule une connotation péjorative. Rigueur n'est pas rigorisme, ni sévérité et peut-être le terme de « rectitude » serait aujourd'hui plus acceptable malgré son aspect désuet.

L'écueil le plus évident : se comporter en donneur de leçons. C'est exactement ce que je fais dans ce livre. Mais, souvenez-vous : je ne suis plus chef. Donc je peux.

Il y a aussi l'exemplarité. Être exemplaire, c'est se montrer sous son vrai jour en assumant sa propre faillibilité. Savoir reconnaître ses erreurs a une valeur éducative irremplaçable. L'exemplarité constitue un gage de crédibilité et de cohérence dans l'action. « Les exemples vivants sont d'un autre pouvoir », a dit Corneille.

F de Féminin

Nous vivons une époque où les femmes prennent une part de plus en plus importante dans l'exercice des responsabilités au sein de la société en général.

Les dispositions législatives relatives à la parité ont mis en évidence une caractéristique essentielle : l'autorité et l'exercice des responsabilités publiques ou dans l'entreprise constituent un domaine historiquement réservé aux hommes.

Deux remarques préalables s'imposent.

En premier lieu, l'arrivée des femmes à des postes de responsabilités a sensiblement modifié le climat au sein de l'entreprise et des organisations hiérarchisées en général. Elles ont introduit une part de féminité et de sensibilité qui permet plus facilement de trouver un équilibre au sein du groupe.

La seconde remarque concerne l'excellence et la rigueur auxquelles se sont astreintes les pionnières, et auxquelles sont condamnées aujourd'hui les femmes responsables et autres directrices, présidentes, cadres ou chefs d'entreprise. À cet égard, il faut noter qu'à responsabilités équivalentes il n'en serait pas demandé autant à un homme. En réalité, les femmes investies d'une autorité apportent indéniablement une plus-value, étant contraintes de déployer tous leurs talents et leurs compétences pour réussir.

L'égalité de traitement doit être manifeste, reconnue. Cela exige de la part de ceux qui comptent dans leur équipe des femmes et des hommes une égalité de traitement, y compris dans les détails les plus insignifiants.

Les femmes contribuent incontestablement à un certain équilibre, à une forte émulation et savent bousculer les certitudes dans une logique de pure efficacité. Je ne résiste pas au plaisir de citer Victor Hugo, qui savait de quoi il parlait, en matière de femmes : « Ce génie particulier de la femme qui comprend l'homme mieux que l'homme ne se comprend. »

G pour Gestion des conflits

Un des rôles importants de celui qui exerce l'autorité consiste à gérer les situations conflictuelles. Quel que soit le niveau auquel il se situe, le responsable, détenteur de l'autorité, est considéré par tous comme le régulateur des conflits même s'il n'intervient pas directement. Plus le chef est élevé dans la hiérarchie, moins il doit directement intervenir, ce qui ne l'empêche pas de se tenir au courant des conflits importants et de donner les orientations qui s'imposent. Cela ne le dispense en aucune manière de s'impliquer personnellement pour faire cesser des situations difficiles, notamment en cas de conflits ouverts et parfois publics entre collaborateurs. Il faut, en premier lieu, une bonne capacité d'analyse pour comprendre les non-dits, qui sont parfois plus importants que les paroles. Lorsque le conflit éclate au sein de l'équipe, il est essentiel de le traiter au plus vite. Dès lors la seconde qualité pour affronter la situation est le courage. Las ! C'est ce qui manque le plus à nos hommes politiques, campés sur la ligne d'horizon des élections. La règle, en général, est : courage, fuyons.

La clé de la réussite dans la gestion des conflits se situe donc dans la proximité, l'impartialité et la considération accordée aux uns et aux autres. Le chef doit avoir ces réalités humaines présentes à l'esprit et mettre en œuvre des qualités personnelles de nature à favoriser la bonne harmonie. Pas facile, certes. Seule une bonne connaissance des subordonnés, de leurs qualités et de leurs travers ainsi que de la nature des relations au sein du groupe permet de déceler, d'anticiper, parfois d'éviter et surtout de traiter sans dommage important les tensions et les conflits.

Pas de groupe sans conflit. « L'homme se découvre quand il se mesure avec l'obstacle » (Antoine de Saint-Exupéry).

D'ici à déduire que l'obstacle fait le chef, il n'y a qu'un pas. Or, les obstacles, en France, ne manquent pas. Il n'y a que ça, d'ailleurs. Le chef n'en sera que plus grand – enfin, c'est ce que je me dis.

H comme Humour

L'humour est une qualité importante et, comme toutes les qualités humaines, elle n'est pas universellement et uniformément répartie. Dans l'exercice des responsabilités et de l'autorité, elle présente un intérêt indiscutable.

Elle devient parfois essentielle. Je me souviens d'un capitaine dont le subordonné était rétif. La question fut réglée en une phrase : « S'il me contredit encore, dit le capitaine, je le jette par la fenêtre. Sans l'ouvrir. »

Là, l'humour a fonctionné.

Theodore Roosevelt, vingt-sixième président des États-Unis, a dit : « Parlez gentiment, mais avec un gros bâton en main. »

C'était de l'humour. Vraiment ?

J comme Jugement

La lucidité est le préalable au jugement, car elle seule permet à celui-ci de s'exercer dans de bonnes conditions – le calvados, le beaujolais, le haschich, les amphétamines n'aident pas à l'exercice d'un jugement serein… Il s'agit d'une capacité d'appréciation et d'évaluation des situations. Cela suppose des qualités d'analyse et de discernement développées, très appréciées par les subordonnés, qui, dès lors, savent pouvoir compter sur celui qui les dirige. Cela favorise un climat de confiance, les prises de position du chef étant réputées sensées, équilibrées et tacitement validées. Il ne faut pas confondre cette prérogative du chef avec le fait de juger ses interlocuteurs, qu'ils soient subordonnés ou extérieurs au milieu professionnel. Juger équivaut à fonder une relation sur un parti pris et parfois à condamner ou tout au moins « écarter » sur la base d'impressions ou d'opinions personnelles parfois éloignées du recul qui sied à ceux qui exercent des responsabilités.

Porter un jugement constitue probablement un acte réflexe pour la plupart des êtres humains. Il ne doit pas être systématique pour le chef et surtout pas hâtif et encore moins définitif. C'est ce que je me dis tous les jours, devant la mauvaise humeur du barman qui me sert mon café. Il est important de toujours garder du recul et de ne pas cataloguer ses interlocuteurs. Rester sur une impression, sur un ressenti sans aller chercher tout ce qui peut se révéler positif avec du temps et un peu de patience n'est pas la posture d'un manager serein qui essaie de valoriser tous les talents qui se présentent à lui. Le jugement permet précisément d'identifier, de faire éclore les talents et de les laisser s'exprimer. Cet aspect constitue une dimension importante pour exercer l'autorité dans toute sa plénitude.

En dernier lieu, la notion de jugement ramène inévitablement sur celle de condamnation. N'oublions pas que la fin des fins se conclura par un Jugement dernier. Du moins, c'est ce que la religion affirme. Il y aura des élus et des condamnés. Je me demande s'il y aura des condamnations avec sursis. Ou des travaux d'intérêt général ?

K comme Kafka

Combien ne connaissent pas Kafka et, sans le savoir, vivent quotidiennement dans son univers ?

Pourrait-on quantifier le nombre de femmes et d'hommes dont la vie professionnelle et parfois personnelle est momentanément ou durablement affectée par les agissements d'un chef mû par la maladresse, l'incompétence voire une déviance ? Chefs d'État fous ou autres cas pathologiques, les exemples abondent. Kafka est bien en vie, bien que mort en 1924.

Fort heureusement, aujourd'hui, les dispositions législatives prennent mieux en compte ces dérives et les moyens d'action de ceux qui supportent ces comportements ont considérablement évolué. Le harcèlement notamment est pénalement sanctionné même si beaucoup reste à faire. C'est désormais un garde-fou qui a fait longtemps défaut dans les relations d'autorité.

La plupart de ces excès sont généralement imputables à la catégorie des chefs dits « de premier niveau » ou « cadres de contact », c'est-à-dire ceux qui se situent au plus près des exécutants. Cet état de faits est logique, car dans tous les systèmes ils sont les plus nombreux. Ils sont régulièrement qualifiés de « petits chefs » et dans ce cas la connotation péjorative du qualificatif « petit » est lourde de sens. Les écarts de comportement de certains de ces personnages sont inversement proportionnels à la marge de manœuvre dont ils disposent dans la chaîne hiérarchique, car leur rôle se cantonne souvent à répercuter les orientations ou les consignes sans qu'il leur soit obligatoirement demandé d'y apporter une plus-value. Ceux-là sont potentiellement les plus dangereux, car la seule véritable manifestation d'autorité est réduite à la pression et au petit pouvoir qu'ils exercent sur les autres.

Malheureusement certains d'entre eux sont parfois limités par leurs capacités intellectuelles et réunissent peu des qualités évoquées au fil de cet abécédaire. Ils sont d'autant plus enclins à abuser de leur maigre pouvoir qu'il s'agit là pour eux de la seule manière d'exister.

Leur autorité peut se traduire par de petites vexations, des propos toujours à la limite de l'acceptable, des exigences qui dépassent la norme sans toutefois être excessives, autant de petites brimades qui polluent les relations et la vie quotidienne. Une attitude systématiquement dévalorisante faite de petits gestes, mimiques ou réactions réprobatrices à l'égard des subordonnés devient aussi rapidement insupportable. Certains autres, plus manipulateurs, s'appuient sur les faiblesses ou les insuffisances de leurs subordonnés pour manifester leur pseudo-supériorité. Le cumul de toutes ces anomalies de comportement bien qu'*a priori* caricatural est peu probable, mais la nature humaine réserve parfois des surprises susceptibles de faire reculer les limites de la philanthropie.

La situation « kafkaïenne » est négative dans la mesure où elle conduit le subordonné à implicitement rejeter tout ce qui vient du chef, mais pour celles et ceux qui disposent d'une force de caractère suffisante pour dépasser la quotidienneté des désagréments, elle présente un avantage : celui de pouvoir s'inspirer de ce qu'il ne faut pas faire pour construire et avancer tout en renforçant ses propres défenses.

Ainsi pour ne pas sombrer dans un univers qui pourrait se rapprocher de celui décrit par Kafka le chef doit être attentif aux réactions de ceux qu'il commande et ne pas manquer de s'interroger si l'harmonie n'existe pas. À cet égard, l'exercice des responsabilités d'un certain niveau est indissociable de la connaissance de ce qui se passe aux niveaux d'exécution les plus bas. Il est prudent de se ménager des circuits d'information parallèles et différenciés du circuit hiérarchique habituel. Cela permet à la fois de savoir comment les choses se déroulent et parfois de détecter des situations que la hiérarchie intermédiaire ne ferait pas remonter.

Le héros de Kafka, Joseph K., erre dans les labyrinthes du *Procès*, accusé d'un crime dont il ne sait rien. N'est-il pas l'image même de certains dirigeants qui progressent à l'aveuglette, comme s'ils avaient les yeux bandés ?

M de Modestie

Modeste et fier de l'être… La modestie, il faut l'avouer, est rare. C'est probablement un des effets de l'individualisme ambiant de notre société qui a tendance à exacerber les ego. Or, la modestie est une arme très utile, dans les relations d'autorité. Elle se concrétise par une attitude, un comportement individuel, qui est avant tout une disposition de l'esprit. Sa forme la plus achevée, l'humilité, est très rare – sauf chez les apôtres, et encore ; pas tous.

La première illustration dans ce domaine est la fâcheuse tendance de certains chefs à afficher en toutes circonstances un air de supériorité. C'est probablement un signe extérieur qui, même s'il est involontaire, produit un effet plutôt désastreux dans les contacts. La nature humaine est ainsi faite qu'il paraît quasiment impossible dans la plupart des cas de revenir sur une mauvaise impression surtout si l'on a personnellement eu le sentiment d'être déconsidéré, même fugacement. Le chef ne peut pas se permettre de déclencher de telles réactions et doit donc y être très attentif.

En deuxième lieu, il est totalement inutile de faire sentir une certaine différence à ses subordonnés et collaborateurs dans la vie quotidienne. Ils savent parfaitement qui est leur chef et peuvent interpréter cette barrière permanente comme une sorte de défiance, un manque de confiance ou de considération, ou, pire, comme une marque de mépris. La modestie, c'est savoir se comporter simplement avec son entourage et montrer que l'exercice des responsabilités ne crée pas une supériorité des uns par rapport aux autres dans les relations humaines. Il y a, *a contrario*, les « monsieur je-sais-tout ». Ils sont à fuir. Et il y a les indispensables, qui se croient irremplaçables. Ils sont à oublier. Un chef indispensable est en général centralisateur et, par conséquent, accorde une confiance limitée à ses collaborateurs. Cet état de fait s'accompagne généralement d'une absence chronique de délégation. Or commander, c'est aussi déléguer, donner des responsabilités à ses subordonnés, leur accorder une marge de manœuvre et une certaine autonomie. Cela permet à chacun de prendre sa place et de donner la mesure de son talent pour peu que cette opportunité lui soit donnée. Ainsi chacun peut assumer les responsabilités de son niveau en donnant le meilleur de lui-même. La non-maîtrise de l'ego conduit généralement à des conflits d'opinions et à des tensions avec l'entourage professionnel et parfois personnel.

Dernier détail au sujet de la modestie. Il n'y a rien de pire en ce domaine que les faux modestes, c'est-à-dire celui ou celle qui a tendance à toujours minorer son mérite pour que son entourage lui renvoie le message de sa propre valeur. C'est une manière de faire particulièrement détestable. Il est probable que la fausse modestie soit une manifestation de la vanité de ceux qui en font usage. C'est Abraham Lincoln qui a le mieux défini l'utilité de la modestie : « Ce qui tue un putois, c'est la publicité qu'il fait autour de soi. »

N pour Neuf dictons ou petites phrases à méditer

« Je ne suis pas payé pour être aimé »

Cette expression est dangereuse à double titre. D'une part elle réduit la relation hiérarchique et par conséquent l'autorité à un rapport pécuniaire et d'autre part elle évacue les sentiments de cette relation avec un raisonnement par l'absurde.

Cette maxime ne peut être prononcée que par des chefs mal assurés ou qui tentent de justifier des décisions injustes ou inadaptées par le refus de considérer les subordonnés comme des partenaires méritant une certaine attention. Réduire les rapports du chef avec ses proches à la seule considération pécuniaire révèle la conception très étriquée du commandement de celui ou celle qui exerce l'autorité. C'est donc faire bien peu de cas de toute la dimension humaine des ambitions partagées, de l'aventure collective et du sens de l'intérêt général qui devrait animer ceux qui mènent, qui dirigent et décident.

En outre, toute relation hiérarchique contient en elle-même un certain degré affectif. Il peut être positif ou négatif – la haine de son chef étant un sentiment –, mais il constitue un élément important des rapports d'autorité. Nier cette référence constitue une faute grave pour quelqu'un qui souhaiterait exercer utilement des responsabilités.

Même prononcée sur le ton de la plaisanterie, cette phrase révèle quelques risques d'incompréhension. Un responsable ne peut pas laisser planer de doute sur la qualité des relations qu'il souhaite instaurer avec ses collaborateurs. Elle constitue par ailleurs un constat d'échec, et une fin de non-recevoir.

« Le chef a toujours raison »

Cet humour (mais est-ce de l'humour ?) cache malheureusement une réalité, celle des chefs qui sont convaincus que les galons, les responsabilités induisent une certaine vérité. Naturellement, très peu avouent cette manière de concevoir l'autorité, mais elle est quotidiennement plus répandue qu'on ne l'imagine. Ce mode de fonctionnement a cours sous des formes plus acceptables et plus modernes, mais il est tout aussi dangereux, car un seul individu, aussi galonné et expérimenté qu'il soit, ne peut avoir raison au seul motif qu'il est le chef.

Quel est celui d'entre nous qui, au cours d'une discussion, n'a pas pensé avoir raison et être persuadé que les arguments des uns et des autres n'étaient que peu convaincants par rapport aux siens ? La conviction personnelle d'être dans le vrai, augmentée de l'assurance que procure l'exercice de l'autorité peut aboutir – parfois sans en avoir réellement conscience – au comportement du chef qui a toujours raison. Les malentendus de ce type et les incompréhensions de cette nature ne peuvent être évités que par le dialogue permanent et la confiance entre le chef et ses subordonnés.

Le chef n'échappe pas à la nature humaine, comme tous les hommes et toutes les femmes – quoique… ; il a parfois raison et parfois tort. Cependant, la collectivité, le groupe, attend de lui qu'il ait tort le moins souvent possible et surtout qu'il soit en mesure de prendre la meilleure décision quelles que soient les circonstances et c'est en cela qu'il doit être performant.

En tout état de cause jamais le chef ne doit se prévaloir d'avoir raison ou laisser entendre qu'il a raison au motif de sa position hiérarchique. Il faut qu'il en soit intimement convaincu, en évitant notamment de le laisser penser en affichant ou en se référant ostensiblement à un règlement susceptible d'influencer ceux dont la capacité de discernement ne permet pas un certain recul. L'ennui, dans notre démocratie, c'est que le chef a toujours raison. Même quand il a totalement tort.

« La confiance n'exclut pas le contrôle »

Le contrôle constitue par essence une des prérogatives du chef responsable de la décision et de sa mise en œuvre. Il n'y a pas lieu, *a priori*, d'y renoncer, pour quelque motif que ce soit, et surtout pas en regard de la contrainte qu'elle suppose pour ceux qui sont contrôlés.

En revanche se pose la question de la nature du contrôle et de l'état d'esprit avec lequel il est réalisé. Certains pourraient penser qu'un degré « supérieur » de confiance entre celui qui décide et ceux qui exécutent pourrait être de nature à supprimer la notion de contrôle. Il n'est pas souhaitable que cela se produise.

Un conseil à l'égard de ceux qui exercent le contrôle pourrait être de ne jamais abandonner leurs prérogatives dans ce domaine surtout lorsque leurs subordonnés, pour y échapper, invoquent la confiance que le chef doit avoir en eux. Un autre conseil destiné à ceux qui font l'objet de contrôles est de bien en comprendre la nécessité pour l'efficacité collective, en évitant d'en faire une affaire personnelle mais en en faisant plutôt une sorte de dialogue constructif. De ce point de vue, l'exécution n'étant jamais parfaite, le contrôle permet de recadrer les choses et conduit à une amélioration. En tout état de cause, il doit être considéré comme une garantie de progrès individuel et collectif.

Et si vous n'êtes pas d'accord avec ce que je viens d'affirmer, dites-vous bien que je n'ai pas totalement tort…

« Pour commander, il faut savoir obéir »

Cela ne peut pas, à l'évidence, constituer une règle intangible, cependant il est clair que l'exercice du commandement et de la direction d'autres individus s'envisage moins facilement sans une expérience personnelle de subordination et d'exécution. Cette expérience est quasiment systématique dans la mesure où tout individu dans son milieu familial ou dans le contexte scolaire apprend à se soumettre à l'autorité d'un adulte, en particulier.

Cependant cette donnée qui apparaissait comme évidente dans les standards éducatifs du XXe siècle n'est plus forcément acquise étant donné le relâchement généralisé dans la référence à la règle et à l'autorité. Avant la suspension du service militaire, les jeunes hommes faisaient pour certains l'apprentissage d'une autorité formelle et parfois contraignante. Certes les conditions de cette expérience pouvaient être discutables, mais cela constituait incontestablement en quelque sorte le rite de passage à la vie active, du statut d'enfant qui sort du milieu familial vers la société et un univers organisé préfigurant (avec certains excès, il faut le reconnaître) le monde du travail.

Cette étape importante fait aujourd'hui défaut aux jeunes, qui entrent de plus en plus tardivement dans la vie active en ayant été de moins en moins confrontés à la règle, aux limites et sans avoir fait l'expérience de l'obéissance qui constitue souvent une sorte de renoncement à sa propre volonté. Cette expérience est pourtant fondamentale dans la structuration de tout individu et la construction personnelle. Elle l'est d'autant plus pour celles et ceux qui se destinent aux responsabilités.

En résumé, toutes celles et ceux qui d'une manière ou d'une autre ont fait, avant leur vie d'adulte, l'expérience de l'obéissance, même si elle peut être douloureuse voire parfois ponctuellement traumatisante, bénéficient d'un atout important pour envisager plus sereinement les relations humaines.

Quant à ceux qui se destinent aux responsabilités, outre cette « expérience initiale », ils doivent pouvoir mesurer les effets que produisent les ordres et les consignes lorsqu'on les reçoit. Pour en être imprégné il est fort utile d'avoir soi-même reçu des ordres et au mieux avoir exécuté des directives contraires à sa propre opinion. Cela permet ensuite de prendre des décisions et de donner des ordres avec l'objectivité et le sens de la mesure qui s'imposent en toutes circonstances.

« Ne pas subir »

Voici une maxime tirée de la tradition militaire puisqu'elle est la phrase de ralliement d'un régiment ou d'une formation prestigieuse ainsi qu'une référence « éthique ».

Sa brièveté constitue la force du message qui incite à adopter une posture proactive lorsqu'on est membre d'une telle unité et *a fortiori* pour ceux qui y exercent des responsabilités.

Cette devise peut être transposée et servir de repère à tous ceux qui ont choisi une vie les destinant à diriger et à commander des hommes et des femmes. Ne pas subir signifie en effet que tout chef, quel que soit son champ d'activité et de compétence, ne peut être passif et subir les événements comme n'importe quel individu. Le chef a une obligation de résultats à l'égard de ses supérieurs et de ses subordonnés, ou de la collectivité lorsqu'il exerce des responsabilités publiques. Par sa capacité de décision et d'action, il a vocation à peser sur les conséquences des événements, y compris en anticipant grâce à cette vision qualifiée parfois de « prospective », qui semble-t-il est la marque des meilleurs.

Je ne subis jamais. Sauf, évidemment, les caprices de la météo ou les facéties du percepteur. Mais là, c'est imparable.

« Rien n'est jamais acquis »

Cette petite phrase apparemment insignifiante prend une dimension particulière lorsqu'elle est rapportée aux contraintes qui s'imposent au chef. L'exercice des responsabilités ne s'accommode pas de l'état d'esprit de celui qui pourrait imaginer « qu'il y est arrivé » ou pire « que c'est arrivé ». En effet les choses ne sont jamais définitivement en place.

Diriger, manager, commander impose souvent la remise en question. Le chef ne peut jamais se contenter des acquis et ses responsabilités le contraignent à avancer et à entraîner ses subordonnés et ses collaborateurs sur le chemin qui mène au but. C'est une responsabilité supplémentaire. « Rien n'est jamais acquis » est l'expression de la situation perpétuellement inconfortable du chef ainsi que de la nécessité de sa vigilance et de sa lucidité au service de la collectivité dont il a la charge. Rien n'est jamais acquis, en effet. Sauf la grâce du Seigneur, paraît-il. Et encore : certains la mettent en question.

Ils ont du souci à se faire.

« La vérité d'aujourd'hui n'est pas celle de demain »

Même si le rythme de notre société exige dans la phase de décision de prendre en compte les possibles évolutions dans une démarche de pragmatisme, cela ne justifie pas les changements d'orientation permanents, au rythme des événements. Vous me suivez ?

Cette maxime permet donc de mettre en exergue les indispensables capacités d'anticipation et de vision stratégique du chef. Elle permet aussi, habilement, de camoufler ses erreurs.

D'ailleurs, ce que je viens d'écrire, vérité aujourd'hui, sera peut-être mensonge demain. Ou dans cinq minutes.

« Rien ne nous appartient, nous ne sommes que de passage »

Cette phrase suggère la relativité des choses, le caractère éphémère des responsabilités. Toutefois, un chef ne doit jamais considérer que ses capacités sont remises en question à la moindre difficulté et que par ailleurs toutes les réussites lui reviennent. Certes, il doit se sentir concerné et responsable mais pas personnellement remis en cause et encore moins propriétaire des prérogatives qui lui ont été confiées. Ce serait dès lors une manifestation de son orgueil.

Pour cela il faut toujours une certaine césure, une sorte de dichotomie entre les fonctions qu'il assume et l'homme ou la femme qu'il est. Cela lui permet de garder un certain recul et de considérer les choses avec un réel équilibre entre les deux vrais moteurs de l'action : la raison et la passion.

Le chef n'est vraiment que de passage et son rôle consiste à assumer ses responsabilités en étant parfaitement conscient du caractère éphémère de sa présence et de la relativité de son action, aussi performante soit-elle. Cela ne doit en aucune manière avoir d'effet sur son engagement personnel mais lui permettre de toujours situer son action dans son cadre général en conservant le recul nécessaire.

« Notation… mutation… sanction… »

Ces trois mots illustrent caricaturalement les possibles leviers coercitifs du commandement et de l'autorité évoqués dans certains secteurs de l'Administration en particulier. Certains responsables restent convaincus de l'efficacité de ces trois leviers pris séparément et parfois cumulés. Ils considèrent que l'un d'entre eux a toujours un effet certain sur les subordonnés ou collaborateurs récalcitrants. Cependant, depuis de nombreuses années, il semble que l'efficacité de cette méthode, marquée par une apparente simplicité, soit tempérée par l'action de certains groupes de pression et organisations diverses.

La notation ou évaluation constitue un acte important qui permet au manager de faire un bilan individuel périodique avec ses subordonnés afin de leur indiquer officiellement la manière dont il apprécie leur travail et de leur fixer les objectifs à atteindre pour le futur. Ce dialogue, car il s'agit bien de cela et non pas d'une sentence qui tombe sans appel et sans discussion, ne peut pas être le seul moment de vérité entre le chef et ses collaborateurs, même s'il constitue une étape importante. La notation doit être vraiment un moment de clarté et de transparence permettant au noté de savoir où il en est afin qu'il puisse tenir compte des observations de son chef et continuer de progresser et d'avancer. Trop de chefs évaluent leurs collaborateurs et subordonnés avec le souci de ne pas générer de conflits, préférant ainsi occulter certains de leurs points faibles. Ça n'est pas souhaitable, car cela induit des relations hiérarchiques fondées sur des faux-semblants, des non-dits, ce qui ne rend service à personne.

La mutation est un levier qui n'a de véritable existence que dans l'Administration, le secteur privé obéissant à des règles sensiblement différentes. La mutation peut être une porte de sortie dans des situations conflictuelles aiguës, mais elle mérite une attention particulière compte tenu de l'impact qu'elle peut avoir sur le principal concerné et sur son équilibre personnel et familial en particulier. Elle doit donc plutôt faire l'objet d'un consensus pour permettre de construire au lieu de détruire.

La sanction demeure le dernier recours du chef à l'égard des subordonnés qui ont commis une faute. Elle peut être de différentes natures : financière, statutaire, administrative, prendre la forme d'un avertissement, d'une réprimande, d'une mise à pied, d'un licenciement, autant de possibilités correspondant à la nature et à l'importance de la faute. Une sanction peut cependant être considérée comme un échec ; échec du système dans lequel le fautif n'a pas eu au moment opportun le conseil, la mise en garde ou l'explication, peut-être sévère, qui lui aurait permis de ne pas se mettre en situation délicate.

Notation, mutation, sanction sont des solutions à la disposition du chef. Il doit les mettre en œuvre sans préjugés mais toujours avec objectivité, pragmatisme et sens de la mesure. « Rien ne sert de penser, il faut réfléchir avant » (Pierre Dac).

O comme Orchestre

Mais... que vient faire la musique dans cet abécédaire ? C'est simple : l'orchestre constitue un ensemble, un microcosme dont l'organisation et le fonctionnement révèlent un certain nombre d'enseignements et de conclusions utiles pour toute équipe organisée. En effet, dans ce contexte, un seul se trouve au pupitre et dirige tout le monde. Il a choisi la partition peut-être avec l'assentiment de son premier violon et il détermine selon son tempérament le tempo et le rythme de l'exécution.

Tous les musiciens sont différents. Il y a là des femmes, des hommes, des solistes expérimentés mais aussi de jeunes flûtistes un peu plus hésitants. Chacun dispose de sa propre partition et apporte sa contribution à l'ensemble au moment opportun en harmonie avec le maestro. Certains passages nécessitent une exécution *moderato* et d'autres *molto allegro*.

Le bon chef d'orchestre connaît bien ses musiciens et leurs qualités d'interprétation, dont il profite pour donner à la pièce musicale toute son efficacité, sa beauté, avec les nuances qui font la différence entre un concert honnête et une interprétation magistrale. Il sait également reconnaître si chacun est en pleine possession de ses moyens, qui pourraient être diminués par manque de sérénité.

Naturellement, la réussite nécessite un engagement et un investissement personnels considérables servis par une organisation parfaite et une rigueur que l'on ne soupçonne pas tant l'exécution est naturelle. Cette exécution a été obtenue à force de répétitions, de longues heures de travail pendant lesquelles les différentes parties de la symphonie ont été jouées et rejouées. Le maestro a repris, conseillé certains de ses musiciens pour arriver au résultat final.

Les jours de concert, lorsque l'interprétation est terminée, il rend publiquement hommage à ses musiciens, les faisant tour à tour se lever pour répondre aux applaudissements du public.

Un orchestre sous la baguette de son maestro constitue en réalité un raccourci saisissant d'une organisation « hiérarchisée ». Chacun a sa place bien identifiée et contribue à l'œuvre commune selon ses capacités et en vertu du rôle que lui reconnaît la collectivité. Il revient à chaque musicien de donner le meilleur de lui-même durant les concerts mais également tout au long des répétitions pour augmenter le niveau de la performance de l'orchestre.

Si un seul musicien fournit une médiocre prestation, l'ensemble s'en ressent et la performance s'en trouve amoindrie. Le chef d'orchestre est en effet un alchimiste. Il doit être capable de tirer le meilleur de ses musiciens. Le meilleur pour qui ? Pour lui ou pour eux ? Demandez-le à ceux qui nous gouvernent.

P comme Pouvoir

Certains managers, dirigeants ou chefs investis de responsabilités parfois importantes confondent autorité et pouvoir. L'autorité donne un certain pouvoir, notamment sur les individus, mais le pouvoir n'est pas toujours accompagné de l'autorité. Vous me suivez ?

Le « pouvoir » est un terme qui fait référence à une sorte d'omnipotence, une capacité à peser sur le cours des choses et sur les individus. Il suppose plus ou moins consciemment dans l'imaginaire de ceux qui le détiennent et dans celui de ceux qui le convoitent le fait de pouvoir s'affranchir des règles qui s'imposent au commun des mortels. L'origine du pouvoir peut être de différente nature : divine pour les monarques, surnaturelle pour les gourous, fruit du travail, de l'effort et de la réussite pour les possédants. Elle peut être également issue du scrutin pour les femmes et les hommes politiques ou de textes constitutionnels, législatifs ou réglementaires pour certains corps de l'État.

Pour les détenteurs de l'autorité, même si la notion de destinée personnelle n'est évidemment pas absente, elle cède le pas à une certaine vision de la collectivité et à une sorte de notion de « service public » et de sens de l'intérêt général.

Cependant pouvoir et autorité se différencient quant aux limites de leur exercice. L'exercice de l'autorité suppose le respect de règles de conduite au sein d'un système plus ou moins hiérarchisé tendu vers l'intérêt général. Le chef est généralement soumis à un contrôle et doit tôt ou tard rendre des comptes. Il y a donc pour lui et pour les subordonnés l'acceptation d'un mode de fonctionnement qui varie en fonction du système (public ou privé, par exemple) dans lequel ils évoluent. C'est ainsi que l'autorité présente un grand avantage par rapport au pouvoir ; elle crée des obligations et des contraintes formelles pour celui ou celle qui l'exerce et lui impose en règle générale une ligne de conduite. Dans ces conditions, le détenteur de l'autorité est reconnu et respecté.

Toutefois la frontière entre autorité et pouvoir n'est pas clairement établie. Certains exercent le pouvoir avec une certaine autorité et l'exercice de l'autorité induit un certain pouvoir sur les hommes et parfois sur les événements. À partir d'un certain niveau de responsabilités, la différence entre ces deux notions s'atténue sensiblement. C'est du reste une des raisons pour lesquelles, aujourd'hui, une bonne part de ceux qui bénéficient d'un certain pouvoir n'ont aucune autorité. Le chef qui confond pouvoir et autorité se met dans une situation difficile, au terme de laquelle il risque de se perdre et peut-être de tout perdre.

Selon moi, pouvoir ne peut se détacher de devoir.

R comme Respect et Responsabilité

Le respect constitue la base de toute relation humaine. Aucun échange ni aucun dialogue ne peut s'envisager sans l'omniprésence et la mise en pratique de cette notion qu'est le respect de l'autre. Les relations d'autorité doivent tout particulièrement et nécessairement reposer sur ce postulat.

Naturellement, dans ce contexte, la première analyse qui vient à l'esprit concerne le respect qu'un collaborateur ou un subordonné manifeste à l'égard de son chef, de son patron ou de son supérieur. Cela va de soi, moyennant une seule condition primordiale et incontournable : que ce supérieur soit respectable. Car si le respect « ascendant » paraît immédiatement naturel, en réalité le plus important demeure le respect « descendant ».

Parfois le seul fait d'un regard, d'une parole ou d'une conversation de quelques secondes permet à celui qui œuvre souvent avec une sensation d'anonymat de sentir qu'il existe aux yeux de celui ou de ceux qui se situent au-dessus de lui dans le « système ». Quoi de plus détestable que des managers qui croisent des collaborateurs sans jamais prendre le temps de s'intéresser à eux et d'échanger quelques paroles ?

Le respect est avant tout un état d'esprit au-delà d'une attitude de circonstance. Il devrait être ancré au fond de toutes celles et ceux qui pèsent par leurs fonctions sur d'autres personnes. Pour un responsable, un cadre, un chef, respecter ses subordonnés ou ses collaborateurs ne constitue pas une posture de faiblesse et encore moins de démagogie. Il s'agit de considérer celui ou celle qui exécute les ordres comme une personne douée de qualités personnelles et de ne pas introduire artificiellement des barrières ni créer de situations dans lesquelles elle pourrait se sentir déconsidérée. Respecter ses collaborateurs, c'est aussi leur faire connaître leurs déficiences sur des bases qui permettent de continuer à construire le projet commun.

Les reproches, les remarques parfois difficiles à accepter pour l'ego de celui qui les reçoit méritent la confidentialité d'un bureau qui permet à chacun de développer ses arguments, fussent-ils parfois orageux.

La responsabilité emporte certaines conséquences. Un responsable est celui ou celle « qui doit rendre compte devant une autorité de ses actes et de ceux dont il a la charge » (définition du Larousse). Le chef, celui ou celle qui exerce l'autorité quelle qu'elle soit, est un responsable. La définition du dictionnaire poursuit : « et qui doit en supporter les conséquences ». Il ne peut y avoir aucune ambiguïté.

Vous entendez, messieurs les députés, sénateurs et anges gardiens ? Aucune ambiguïté.

S comme Savoir

Avec la force, le savoir a constitué pendant longtemps le fondement exclusif de l'autorité. Cette reconnaissance de la compétence, professionnelle notamment, n'a pas posé de difficultés jusqu'au milieu du XXe siècle, tant le socle des connaissances était stable, sans remise en question fondamentale. L'ère de la communication et de la mondialisation a changé la donne. L'apparition d'une multitude de savoir-faire, leur validité et leur obsolescence ont conduit à la relativisation du savoir et exigent désormais une mise à niveau permanente. C'est une des raisons pour lesquelles la prééminence du savoir ou du savoir-faire pour le chef a tendance à s'estomper.

La tentation est forte pour le chef de vouloir tout savoir, ce qui permet d'être réactif à toute sollicitation et évite de se trouver « mis en défaut » par les échelons supérieurs ou face à des sollicitations extérieures. Ce mode de fonctionnement a été introduit par la vie politique dans notre pays. La rapidité de l'information et la diffusion des événements en temps réel par les médias ont instauré une nouvelle exigence. Celle de disposer dans des délais records des éléments pour répondre à toute sollicitation. Un ministre qui ne serait pas capable de parler d'un événement entrant dans son domaine d'attributions quelques minutes après sa survenance pourrait bien être considéré comme un incompétent. Cette tendance déteint sur l'ensemble de la société, dans les administrations et certaines grandes entreprises qui en réalité ont un fonctionnement de type politique.

Ainsi, ce nouveau contexte confirme la nécessité pour le chef de connaître ses limites, voire de s'en fixer, afin de garder le recul et la hauteur de vues qui lui sont nécessaires. Car la tentation que certains qualifient aujourd'hui de « micromanagement » conduit des dirigeants à trop souvent s'immiscer dans les attributions et la sphère de responsabilité des niveaux inférieurs. C'est le signe d'un dysfonctionnement grave qui tient généralement à la personnalité du chef ou à l'inefficacité relative des échelons subalternes, et souvent des deux à la fois. De telles situations s'expliquent généralement par un problème de confiance et de dialogue entre le chef et ses collaborateurs.

Le micromanagement mène à la déresponsabilisation des échelons intermédiaires et à la démotivation des équipes de travail. Si ce mode de fonctionnement perdure, il aboutit à une perte de compétences à tous les échelons parce que plus personne n'assume les responsabilités de son niveau. Ainsi, le chef ne peut pas tout savoir dans le détail. En revanche, il doit tout savoir de ce qui relève de son niveau et en cela il est désormais devenu un coordonnateur, un fédérateur, un échelon de synthèse. Ainsi la conception du savoir de Bergson prend toute sa dimension : « Savoir, c'est-à-dire prévoir pour agir. »

T comme Transparence

La transparence est à la mode. Même des personnages aussi douteux que Balkany l'utilisent. Il n'y a pas un homme politique, si véreux soit-il, qui n'agite le spectre de la transparence. Tout le monde ne jure que par elle. Mais...

En réalité la transparence fait indirectement référence à deux valeurs qui comptent pour un détenteur de l'autorité : l'honnêteté et la sincérité. Et là, on est dans l'inconnu.

La transparence est une notion qui doit entraîner la réciprocité. Un collaborateur doit dire ce qu'il pense à son chef. Et *vice versa*. Plus les responsabilités augmentent, plus cette règle doit être appliquée. À cet égard, le chef doit savoir s'entourer, c'est-à-dire faire en sorte que ses collaborateurs lui tiennent toujours le langage de la vérité. Cela évite de créer autour du chef un monde virtuel ou parallèle éloigné de la réalité. Cette situation de coupure de la réalité s'avère très répandue notamment chez les hauts responsables, en particulier dans les cabinets ministériels.

Le contraire de la transparence dans les relations d'autorité est l'opacité. Cette méthode est en effet relativement confortable, car le sens de l'action n'est pas toujours connu, les objectifs pas toujours clairs et ils peuvent fluctuer en fonction de paramètres connus du seul chef. Il peut à sa guise faire évoluer son équipe dans un contexte de non-dits, de faux-semblants, voire de mensonges. Dans une telle configuration les collaborateurs et subordonnés s'engagent avec méfiance, car l'adhésion n'existe pas, l'efficacité diminue très sensiblement et les conflits deviennent généralement la règle.

De la même manière, si le manque de transparence conduit le chef à éviter de donner à ses collaborateurs sa véritable appréciation sur leur action, il s'expose à des situations très difficiles à gérer. La pratique de l'opacité ou d'une transparence à géométrie variable concerne généralement deux catégories de chefs. Les premiers sont peu sûrs d'eux et pas très courageux, préférant adopter des positions fluctuantes en fonction de leurs intérêts du moment. Les autres ne bénéficient probablement pas des compétences et des capacités leur permettant d'assumer leurs responsabilités avec efficacité.

La vie quotidienne donne de nombreux exemples de comportements contraires à ce principe élémentaire. Ils peuvent presque être admissibles pour les femmes et les hommes qui ne gouvernent que leur propre existence. En revanche, celles et ceux qui exercent des responsabilités et dirigent les autres doivent s'inspirer de cette règle fondamentale, car ils portent la responsabilité de bâtir un projet commun.

La transparence, c'est bon pour le verre. Mais prenons garde : c'est un élément cassant, le verre.

U comme Unanimité

Les chefs qui font l'unanimité, n'en déplaise à ceux qui ont une haute opinion d'eux-mêmes, sont extrêmement rares. La quasi-perfection n'est pas la règle. En outre, la recherche de l'unanimité est une chimère et un piège dans lequel un chef lucide et averti ne peut pas tomber. L'unanimité est une notion qui renvoie aux élections dans les systèmes les plus totalitaires, où elle est obtenue par la crainte ou la contrainte.

Ainsi, le chef, quelles que soient ses qualités, ne pourra que très exceptionnellement faire l'unanimité ou la quasi-unanimité. Cette réalité incontournable doit être admise par toutes celles et ceux qui sont amenés à exercer des responsabilités et à prendre des décisions.

Cela suppose un certain apprentissage, d'une part pour ne pas prendre les décisions en ayant pour objectif d'obtenir l'écho le plus favorable possible, et d'autre part pour gérer la pression qui précède les prises de décision et celle qui suit leur mise en œuvre.

Le chef doit être conscient qu'il n'a pas été placé à son poste pour obtenir l'unanimité et que personne n'attend cela de lui. Il a été choisi pour occuper un poste de responsabilités qui l'amène à conduire, à commander ou à gérer une équipe afin d'atteindre un résultat. L'unanimité ne peut donc pas être un objectif mais tout au plus une manière fortuite d'atteindre le résultat. C'est précisément l'erreur que certains chefs, voire certains détenteurs du pouvoir, commettent : la confusion entre le résultat attendu et la manière d'y parvenir.

Cette approche des choses peut s'avérer extrêmement dangereuse, car, poursuivant cet objectif d'unanimité, les décisions sont construites et orientées dans le but de ne pas déplaire, ce qui n'est pas toujours conforme à l'intérêt général. Elle côtoie évidemment la notion de démagogie, qui en toute hypothèse doit rester étrangère aux motivations du décideur.

Elle ramène également à la notion de consensus évoquée à propos du commandement. Ainsi, il est possible de considérer que le consensus ou l'unanimité peuvent servir de base aux relations entre individus ou partenaires de même niveau, mais lorsqu'il y a hiérarchie et décision par un seul responsable, ce terme est inadapté.

En revanche, le chef peut constater en certaines circonstances un consensus parmi ses subordonnés sur tel ou tel sujet et en prendre acte, voire en tenir compte, mais il ne doit surtout pas organiser les modes de fonctionnement internes sur la base du consensus ou essayer de l'obtenir à chaque décision qu'il prend. En procédant de cette manière, il s'expose à de sérieuses déconvenues, notamment celle de voir son autorité contestée.

Ainsi, personne ne doit imaginer, étant investi de responsabilités, pouvoir faire l'unanimité ou susciter en permanence le consensus par sa manière de commander, de gérer, au sein de son équipe ou parmi ceux qui auront à supporter les effets des décisions. La pratique de telles méthodes relève d'un idéalisme forcené, d'un utopisme inconscient ou de manipulations calculatrices. Cette réalité n'est pas immédiatement accessible à tous ceux et celles qui aspirent aux responsabilités et il appartient aux diverses structures et aux écoles de formation de cadres de permettre la réflexion sur un thème aussi structurant.

L'unanimité n'est donc pas un mot très utile pour le chef. En revanche, une notion voisine s'avère beaucoup plus pertinente pour lui : celle de cohésion. La cohésion et la fédération des énergies autour du projet commun et parfois de la personnalité du chef constituent un moteur très puissant qui permet d'atteindre les objectifs. La recherche de la cohésion peut dès lors constituer un des moyens de commander efficacement.

Le rêve de l'unanimité est inaccessible. Il faut assimiler cette réalité avant de choisir la voie des responsabilités et de l'autorité et s'y préparer. C'est encore un apprentissage individuel. Il nécessite une certaine force de caractère pour concilier les contraires et un équilibre personnel permettant de dépasser les difficultés passagères pour favoriser l'expression de la cohésion du groupe. Winston Churchill résumait : « La critique peut être désagréable, mais elle est nécessaire. Elle est comme la douleur pour le corps humain ; elle attire l'attention sur ce qui ne va pas. » L'unanimité ? Il ne s'en préoccupait pas. Même pour fumer son cigare, car l'odeur faisait l'unanimité contre lui. Ce qui ne l'a jamais empêché d'allumer ses havanes.

V comme Valeurs

La référence aux valeurs est toujours un peu délicate, car ce terme est galvaudé depuis des années par tous les discours politiques. Il ne correspond pas toujours à une réalité qui a du sens pour les Français. Avoir conscience que le référentiel des valeurs est assez différent d'un individu à l'autre en fonction de ses origines, de sa culture familiale, de son éducation et de son vécu est un préalable indispensable. Par ailleurs, une confusion pourrait naître dans les esprits en amalgamant la notion de valeurs à celle de morale pure. Or, dans le domaine des relations humaines au sein d'une organisation, il peut être difficilement question que le chef impose une vision morale.

Il existe des valeurs intellectuelles et morales servant de référence dans une société. On peut également considérer que ces valeurs ne sont pas figées et évoluent en fonction du contexte historique et social. Mais les standards d'une société varient peu. Certaines valeurs peuvent donc être considérées comme perpétuelles, permanentes, résistant aux évolutions sociales. Elles constituent une référence intemporelle.

Bien souvent, le rejet ou le refus de certaines valeurs facilement qualifiées d'« anachroniques » marquent la prééminence d'un modèle social fondé sur les apparences, la facilité et la non-acceptation des contraintes. Parmi d'autres, deux valeurs remplissent les conditions de l'intemporalité et doivent *a priori* faire une certaine unanimité : l'honnêteté et le sens du devoir. Sur ces deux valeurs, le chef doit avoir une idée précise et de préférence les considérer comme une ligne directrice, car il peut y trouver une partie de sa légitimité, de la motivation et de l'énergie pour assumer ses responsabilités. L'honnêteté induit des notions connexes comme la probité, la correction, l'intégrité et la droiture. À l'évidence, elles sont censées guider le comportement du chef, qui, plus que tout autre, est observé dans ses attitudes, ses réactions et sa manière d'être. Ce sont les écarts et parfois les entorses sérieuses de celles et ceux qui exercent les responsabilités qui fragilisent la pertinence de ces références, qui ne sont dès lors plus que des mots sans signification réelle, hormis dans le dictionnaire.

Cela ramène à l'exemplarité déjà évoquée. En effet, si ceux qui exercent l'autorité, servant dès lors de référence, prennent des libertés avec la norme, personne ne se sent plus lié par son caractère obligatoire. C'est en ce sens que les valeurs sont importantes et structurantes. Le chef en est toujours le garant et trop souvent il ne le sait pas. Naturellement, celles et ceux qui commandent aux autres n'ont pas vocation à être parfaits, mais s'astreindre à respecter les règles leur permet, sans nul doute, d'être écoutés, respectés et surtout crédibles.

Cela veut dire également que celui qui exerce l'autorité doit être imprégné du sens du devoir. Ce dernier peut être considéré comme la conscience de ce que l'on doit faire, l'obligation éthique particulière définie par le système auquel on appartient ou par la loi, les convenances ou les circonstances. La principale difficulté pour cette référence fondamentale concerne son caractère obligatoire et contraignant. Le sens du devoir appartient davantage au référentiel des responsables, alors que la notion des droits qui lui est régulièrement opposée appartient à l'univers de ceux pour qui l'intérêt général s'est effacé depuis longtemps au profit de l'individualisme le plus élémentaire.

À lui seul, le sens du devoir synthétise bon nombre de thèmes évoqués au fil des pages : le sens des responsabilités, l'exigence personnelle, l'intérêt général, la pugnacité, la volonté, le goût de l'effort, la persévérance. La plupart ont été évoqués parfois brièvement mais l'un d'entre eux mérite un développement particulier : la volonté.

La volonté peut être considérée comme une qualité fondamentale de celles et ceux qui quotidiennement prévoient, organisent et décident. En être doté est un gage de crédibilité et d'efficacité. C'est avant tout la volonté d'atteindre les objectifs sur les plans personnel et collectif, l'un et l'autre étant indissociablement liés, mais également la volonté d'aller toujours de l'avant et celle de ne pas se laisser submerger par le cours des choses. Dans cette perspective, la volonté se rapproche de la pugnacité et de la constance. Elle mène directement à la détermination, cette force de caractère nécessaire pour faire face aux déceptions, aux échecs, aux manifestations de la nature humaine comme la jalousie, la méchanceté, l'envie, autant de sentiments qu'un chef trouve sur sa route. Les accepter comme étant la réalité de celui ou celle qui s'expose en permanence dans l'exercice des responsabilités est une qualité éminente du chef.

En outre, lorsqu'il a le bonheur de connaître une certaine réussite, ces difficultés et ces obstacles se multiplient. La volonté se confirme de plus en plus comme une notion capitale dans un contexte sociétal qui favorise la facilité et promeut le modèle de la réussite sans efforts.

C'est la raison pour laquelle les valeurs telles que la volonté et le sens du devoir deviennent un point d'ancrage et une force qui lui permettent de garder équilibre et sérénité.

Quel est l'intérêt pour le chef, le manager, de se référer à des valeurs de cette nature ? Les valeurs fondamentales, dont la liste n'est jamais exhaustive, fournissent les repères et les références nécessaires à celles et ceux qui souhaitent donner un certain sens à leur vie de chef, cadre, responsable ou dirigeant. Exercer des responsabilités et l'autorité qui s'y rattache ne peut pas s'envisager sans avoir médité sur le sens que le chef donne à sa propre vie. Les responsabilités et l'autorité ne sont jamais le fruit du hasard, d'un concours de circonstances ou d'un caprice passager. Dans le cas contraire le résultat ne se fait pas attendre et se traduit par un échec.

Toutes les valeurs qui jalonnent une vie marquée par les responsabilités me paraissent, à titre personnel et à l'issue de quarante ans de management et de milliers de décisions, inséparables d'une certaine spiritualité. Cette dernière permet de s'extraire de la matérialité et par une certaine idée de la transcendance, c'est-à-dire de ce qui nous dépasse, donne une dimension et un sens différents à l'action. La spiritualité peut être religieuse ou non et ce qui importe est de mesurer la relativité de notre présence au regard de l'immensité de l'univers, approche qui modifie le regard porté sur notre vie quotidienne. Toute spiritualité est respectable. Le constat sur notre vie publique est de ce point de vue très surprenant. Elle est vidée de toute spiritualité et les responsables administratifs et politiques font preuve de ce point de vue d'une grande pauvreté.

J'ai la conviction que c'est un des motifs des difficultés de notre société et de la dégradation de la qualité des relations humaines au quotidien.

Exercer sereinement des responsabilités dans le respect des valeurs évoquées dans ces quelques lignes repose sur l'existence d'une spiritualité qui est essentielle pour un manager, un chef, un dirigeant. Une société sans âme est une société d'ânes. J'en suis intimement persuadé.

W… X… Y… Zen

Comment peut-on rester « zen » avec la pression des responsabilités, le regard des subordonnés, les éventuelles difficultés familiales et autres paramètres déstabilisants ? C'est précisément ce qui différencie le chef accompli de tous les autres. Il sait faire la part des choses et accorder aux réalités quotidiennes l'importance qu'elles méritent. Être « zen », c'est avant tout être serein. La sérénité permet à celui qui commande d'encaisser, d'absorber toute la pression qui provient de ses supérieurs (il y en a toujours) et de l'extérieur. Le rôle du manager est ensuite de générer de la sérénité autour de lui, c'est-à-dire de réaliser le tour de force de transformer l'inévitable pression qu'il reçoit en énergie positive pour permettre à ses subordonnés de travailler l'esprit libre dans le cadre des orientations qu'il leur donne.

En effet, les systèmes hiérarchiques sont ainsi faits que généralement la pression se démultiplie au fur et à mesure qu'elle descend jusqu'en bas de l'échelle. Les exécutants au bout de la chaîne constituent l'exutoire des différents niveaux qui n'ont pas été en mesure d'absorber la pression. Ce mode de fonctionnement « en cascade » reste probablement la pire des situations en termes d'efficacité et demeure le cas le plus répandu.

La pression permanente sur les « exécutants » (même de haut niveau) inhibe les individus. Ils sont ainsi davantage animés par la peur de mal faire que par le désir de bien faire. Voilà un mode de fonctionnement particulièrement handicapant. La peur de mal faire constitue probablement un des principaux freins de l'action dans beaucoup d'entreprises et de services publics. Elle consiste pour l'exécutant à considérer en premier lieu la possible réaction du chef et les désagréments qu'un éventuel échec pourrait causer. Dès lors, la capacité de réflexion, d'imagination est diminuée par ces considérations parasites. Un chef qui n'est pas en mesure d'absorber la pression peut conduire ses subordonnés dans une impasse individuelle et collective.

Cette capacité à ne pas répercuter la pression vers les subordonnés et les collaborateurs nécessite des qualités personnelles et un recul par rapport aux événements qui ne sont pas forcément naturels. Ces qualités personnelles reposent avant tout sur une approche des responsabilités déconnectée des enjeux personnels et sur une aptitude à relativiser l'importance et l'urgence des demandes ou des résultats imposés par les niveaux supérieurs en particulier. Elles doivent même lui permettre d'assumer avec sérénité les erreurs de ses subordonnés, de manière à ne pas les brider inutilement par la peur de mal faire.

La sérénité du chef passe probablement par une parfaite connaissance de lui-même et par une philosophie personnelle, fruits d'une réflexion et d'une maturation qui peuvent varier selon le parcours de chacun. Cet état de sérénité doit être de préférence permanent dans la durée et l'histoire nous enseigne que cela n'est pas nouveau.

En effet, au temps de l'ancienne république de Venise, le doge était qualifié de « Sa Sérénité » comme d'autres chefs d'État, princes ou souverains, par exemple « Son Altesse Sérénissime le prince de Monaco ».

Un chef qui n'absorbe pas la pression ne tient pas sa place et ne remplit pas son rôle. Il est primordial qu'il sache en toutes circonstances prendre du recul, garder sa sérénité, tout particulièrement en situation de crise. Dès lors, il permet à ses collaborateurs, à ses subordonnés, lorsqu'ils sont animés du désir de bien faire et non par la peur de mal faire, de donner la pleine mesure de leurs capacités en bonne harmonie.

« La sérénité dans le désordre est un signe de perfection. » J'en connais qui feraient bien de méditer ce proverbe chinois.

Table

Composition et mise en pages
Nord Compo à Villeneuve-d'Ascq

Achevé d'imprimer en mars 2017
sur les presses de Normandie Roto Impression s.a.s.
61250 Lonrai
N° d'impression : 1700851

Imprimé en France